Les Douze
qui peuvent considé
la vie de tout 1

1. Nous avons admis que nous étions impuissants et que nous avions perdu la maîtrise de notre vie.

2. Nous en sommes venus à croire qu'une Puissance supérieure à nous-mêmes pouvait nous rendre la raison.

3. Nous avons décidé de confier notre volonté et notre vie aux soins de Dieu *tel que nous Le concevions.*

4. Nous avons courageusement procédé à un inventaire moral, minutieux de nous-mêmes.

5. Nous avons avoué à Dieu, à nous-mêmes et à un autre être humain la nature exacte de nos torts.

6. Nous avons pleinement consenti à ce que Dieu élimine tous ces défauts de caractère.

7. Nous Lui avons humblement demandé de faire disparaître nos déficiences.

8. Nous avons dressé une liste de toutes les personnes que nous avions lésées et nous avons consenti à leur faire amende honorable.

9. Nous avons réparé nos torts directement envers ces personnes partout où c'était possible, sauf lorsqu'en ce faisant, nous pouvions leur nuire ou faire tort à d'autres.

10. Nous avons poursuivi notre inventaire personnel et promptement admis nos torts dès que nous nous en sommes aperçus.

11. Nous avons cherché par la prière et la méditation à améliorer notre contact conscient avec Dieu *tel que nous Le concevions,* Lui demandant seulement de nous faire connaître Sa volonté à notre égard et de nous donner la force de l'exécuter.

12. Ayant connu un réveil spirituel comme résultat de ces Étapes, nous avons alors essayé de transmettre ce message aux autres et de mettre en pratique ces principes dans tous les domaines de notre vie.

*   Ces Douze Étapes sont une adaptation des Douze Étapes des Alcooliques Anonymes, faite avec la permission de A.A. World Services Inc., New York, NY.

JOE KLAAS

DOUZE ÉTAPES
VERS LE
BONHEUR

Traduit par Claude Herdhuin

**UN GUIDE POUR COMPRENDRE
ET TRAVAILLER LES PROGRAMMES**

HAZELDEN®
SCIENCES ET *CULTURE*

Ce livre a été originellement publié aux États-Unis sous le titre
THE TWELVE STEPS TO HAPPINESS
© 1982 Hazelden Foundation

Conception de la couverture: ZAPP

Tous droits réservés pour l'édition française
© *Éditions Sciences et Culture Inc.*, 1995

Dépôt légal: 2e trimestre 1995
Bibliothèque nationale du Québec
Bibliothèque nationale du Canada

ISBN 2-89092-166-2

 Éditions Sciences et Culture
5090, rue de Bellechasse, Montréal
(Québec) Canada H1T 2A2
(514) 253-0403 Fax: (514) 256-5078

IMPRIMÉ AU CANADA

Note de l'éditeur français

La recouvrance

La **recouvrance** (*recovery*) est un lent et graduel processus de prise de conscience, d'acceptation et de changement qui amène une personne à améliorer sa santé **P**hysique, à rétablir sa vie **É**motionnelle, à réhabiliter son état **M**ental et à reconnaître l'existence d'un pouvoir **S**pirituel.

L'individu, en se joignant à un groupe de soutien, adopte progressivement les principes d'un programme Douze Étapes pour restaurer sa dignité humaine et redevenir un être humain entier.

The Twelve Steps to Happiness a été produit à l'origine sous forme d'album accompagné d'une cassette audio par Hazelden Educational Services en 1980, sous le titre "Twelve Steps: the Road to Recovery, Serenity and Happiness".

Les Douze Étapes des Alcooliques Anonymes ont été reproduites et adaptées avec la permission de A.A. World Services Inc., New York, NY.

Au grand champion américain,
Gregory "Pappy" Boyington,
qui m'a conduit à cette victoire.

À propos de l'auteur

Lieutenant-colonel à la retraite des Forces aériennes des États-Unis, **Joe Klaas** a écrit sept livres en anglais et deux livres en hollandais, notamment le célèbre livre de recouvrance *Twelve Traditions for all of us*, et a enregistré *Twelve Steps: the Road to Recovery, Serenity and Happiness*, un album accompagné d'une cassette audio.

Klaas a servi comme pilote volontaire dans la R.A.F. et a gagné vingt décorations britanniques et américaines. Il a aussi été présentateur à la radio et correspondant de l'A.P. Enfin, il a été invité à des douzaines de talk-shows et a dirigé des séminaires pour des conseillers, des psychothérapeutes, des docteurs en médecine et des patients à travers les États-Unis.

Table des matières

Je ne peux pas concevoir Dieu
comme étant masculin ou féminin.
Je pense que Dieu est androgyne.
J'utilise le pronom masculin pour parler de Dieu
uniquement parce que tel est l'usage
depuis des siècles,
aussi erroné que cela puisse être,
et que c'est devenu avec le temps
la façon que nous connaissons le mieux
pour parler de notre Puissance supérieure.

— l'auteur

Remerciements

L'auteur tient à témoigner sa reconnaissance au programme Douze Étapes des Alcooliques Anonymes. L'A.A. General Services Office lui a donné l'autorisation d'adapter leurs Douze Étapes pour qu'elles puissent être utilisées à des fins générales. Les Douze Étapes originales des Alcooliques Anonymes figurent à la page 54 de *Les Alcooliques Anonymes* (le Big Book)[*], et sont les suivantes:

1. Nous avons admis que nous étions impuissants devant l'alcool — que nous avions perdu la maîtrise de notre vie.

2. Nous en sommes venus à croire qu'une Puissance supérieure à nous-mêmes pouvait nous rendre la raison.

3. Nous avons décidé de confier notre volonté et notre vie aux soins de Dieu *tel que nous Le concevions.*

---

[*] *Les Alcooliques Anonymes*, troisième édition en langue française, copyright 1989, publié par Le Service des publications françaises des AA du Québec, Montréal (Québec), p. 54.

4. Nous avons courageusement procédé à un inventaire moral, minutieux de nous-mêmes.

5. Nous avons avoué à Dieu, à nous-mêmes et à un autre être humain la nature exacte de nos torts.

6. Nous avons pleinement consenti à ce que Dieu élimine tous ces défauts de caractère.

7. Nous Lui avons humblement demandé de faire disparaître nos déficiences.

8. Nous avons dressé une liste de toutes les personnes que nous avions lésées et consenti à faire amende honorable.

9. Nous avons réparé nos torts directement envers ces personnes partout où c'était possible, sauf lorsqu'en ce faisant, nous pouvions leur nuire ou faire tort à d'autres.

10. Nous avons poursuivi notre inventaire personnel et promptement admis nos torts dès que nous nous en sommes aperçus.

11. Nous avons cherché par la prière et la méditation à améliorer notre contact conscient avec Dieu *tel que nous Le concevions*, Lui demandant seulement de nous faire connaître Sa volonté à notre égard et de nous donner la force de l'exécuter.

12. Ayant connu un réveil spirituel comme résultat de ces Étapes, nous avons alors essayé de transmettre ce message aux autres alcooliques et de mettre en pratique ces principes dans tous les domaines de notre vie.

Comment vivre heureux pour toujours

*A*imeriez-vous être heureux? Voulez-vous réussir? Il existe maintenant un moyen infaillible de connaître à la fois le bonheur et le succès.

Les psychologues commencent à prescrire une méthode pour trouver la joie et parvenir à l'accomplissement de soi. Cette méthode existe depuis un demi-siècle, mais commence seulement à être reconnue. Les éducateurs se mettent à l'enseigner à l'école. Les pasteurs la prêchent à leurs ouailles. Les médecins la prescrivent à leurs patients. Les juges orientent même des criminels reconnus coupables vers ce nouveau moyen d'apprendre à vivre une vie infiniment meilleure.

La formule destinée à atteindre le succès, qui a été essayée et dont la validité a été prouvée, s'appelle les Douze Étapes.

Des millions d'êtres humains ont découvert que les Douze Étapes ont amélioré leur vie au-delà de leurs attentes les plus optimistes. Personne qui a suivi les Étapes magiques n'a fait état de résultats négatifs. Tous ceux et celles qui les pratiquent trouvent la sérénité dans un monde agité.

Le secret des Douze Étapes est qu'il n'y a pas de secret. Elles n'ont pas été mises au point par des psychologues, des médecins ou des membres du clergé. Elles sont gratuites. Elles sont ouvertes à tous et libéreront les personnes qui les adoptent des liens qui les empêchaient de progresser.

Tout le monde peut suivre les Douze Étapes. Aucune formation préliminaire n'est nécessaire. Il y a une seule condition. Nous devons être prêts à aller jusqu'au bout pour trouver le bonheur et le succès.

Le premier fait stupéfiant au sujet de ces Douze Étapes toutes simples, qui ont amélioré des millions de vies dans plus de cent pays, est que ce ne sont pas des hommes de sciences, des théologiens ou des philosophes qui les ont découvertes. Ce programme miraculeux, suivi aujourd'hui dans le monde entier par toutes sortes de personnes heureuses et qui réussissent, a été mis au point par une bande d'ivrognes.

Cela a pris des années avant que l'on découvre que d'autres personnes peuvent, sans être alcooliques, bénéficier au-delà de tout espoir de ces Douze Étapes en les modifiant légèrement.

La centaine de gros buveurs, impuissants face à leur alcoolisme, qui ont mis au point par inadvertance ce cadeau pour toute l'humanité, considéraient à l'origine les Douze Étapes comme un moyen pour les alcooliques invétérés d'arrêter de boire et rien d'autre. Un demi-siècle de résultats troublants chez les autres personnes qui pratiquaient les Douze Étapes a prouvé qu'elles sont beaucoup plus qu'un moyen d'arrêter un comportement de dépendance. Les Douze Étapes, adaptées pour que quiconque désirant une vie plus satisfaisante puisse les utiliser, offrent une autre manière de vivre qui apportera à tous succès et bonheur.

La deuxième chose stupéfiante au sujet des Douze Étapes est qu'elles fonctionnent pour n'importe qui et pour tous.

PROMESSES

Qu'aurons-nous de plus, que nous ne pouvons pas obtenir par nous-mêmes, si nous adaptons ces Étapes à notre vie quotidienne? Examinons les domaines de notre vie que les Douze Étapes amélioreront.

Nous serons surpris par ce qui nous arrive en suivant chacune de ces recommandations simples.

Nous connaîtrons une liberté et un bonheur que nous n'avons jamais connus auparavant.

Nous apprendrons à nous pardonner et à tirer avantage de nos mauvaises actions passées.

Nous trouverons en nous une paix et une sérénité qui nous soutiendront dans toutes les situations difficiles.

Nous découvrirons des moyens d'aider les autres en nous basant sur nos propres malheurs passés.

Nous nous rendrons compte de notre propre valeur, unique, et arrêterons de nous apitoyer sur nous-mêmes.

L'égoïsme laissera la place à la générosité à l'égard des autres.

L'obsession de soi disparaîtra.

Nos valeurs et notre façon d'aborder la vie changeront pour le meilleur.

Les autres ne nous feront plus peur et nous ne craindrons plus de manquer d'argent.

Nous apprendrons à nous fier à notre intuition pour trouver la bonne solution aux problèmes que nous n'avons jamais su affronter auparavant.

Nous serons conscients que Dieu contrôle notre vie mieux que nous ne pourrions le faire.

Existe-t-il un danger à prédire de tels résultats? Pas du tout. Je crois sincèrement que toutes ces grandes promesses deviendront vraies pour quiconque travaille avec assiduité les Douze Étapes vers le bonheur. Elles se sont toutes concrétisées pour moi. Elles se sont réalisées pour des millions de personnes. Toutes ces merveilleuses promesses vous arriveront si vous suivez avec sincérité les indications simples qui figurent dans les Étapes.

C'est en 1957 que je pris connaissance pour la première fois des Douze Étapes vers le succès et le bonheur. Je les lus du début à la fin, pensai les avoir comprises sans difficulté et commençai à les mettre en pratique.

En réalité, presque tout ce que je croyais avoir compris au sujet des Douze Étapes était faux. Et presque tout ce que je fis pour essayer de les mettre en pratique était correct.

Je considérais ces Douze Étapes uniquement comme un moyen de guérir d'une maladie compulsive bien précise. Je pensais que je devais les utiliser exclusivement comme un moyen de résister à la substance ou au comportement pour lequel j'avais une dépendance. Peu nombreux étaient ceux qui réalisaient à cette époque que ces Étapes amélioreraient la vie de quiconque les mettrait en pratique, qu'il soit dépendant ou non.

Les Étapes furent publiées pour la première fois par les Alcooliques Anonymes, en 1939. Elles consistaient alors en un programme qui avait permis à une centaine d'hommes et de femmes de se libérer de l'alcoolisme. Dix-huit ans plus tard, quand je pris connaissance à mon tour de ces Étapes, d'autres associations anonymes les utilisaient aussi pour aider leurs membres à se libérer de diverses maladies comme le jeu, la boulimie, la dépendance à une drogue et pour aider les femmes, les maris et les membres de la famille obsédés par le besoin de contrôler le comportement de membres de leur famille ou d'amis souffrant d'alcoolisme.

Cela m'a pris des années avant de comprendre que les Douze Étapes apporteraient bonheur et succès à n'importe qui, qu'il soit victime de dépendance ou non. En fait, les Douze Étapes proposées comme programme de recouvrance aux personnes atteintes de maladie ne traitaient pas directement de ces comportements compulsifs. Au lieu de cela, les Étapes présentaient un moyen de croissance spirituel grâce auquel il était possible de confronter une maladie, ou un autre problème, et de mettre tous nos efforts à vivre une vie qui nous apporterait davantage de bonheur et de succès, que nous soyons dépendants ou non. Les Étapes offraient un chemin sûr, miraculeux et non religieux vers le bonheur et le succès dans tous les domaines de notre vie, que nous soyons malades ou bien-portants.

Les Douze Étapes ne *guérissaient* aucune des compulsions destructrices que les membres des mouvements anonymes partageaient. Les Étapes *remplaçaient* les substances ou les comportements pour

lesquels il existait une dépendance et devenaient la
seule source de bien-être pour des millions de victimes, d'un monde perturbé, dans la détresse.

Il semblait que, pour prouver à toute l'humanité
qu'il existait une formule infaillible grâce à laquelle
nous connaîtrions bonheur et succès, une Puissance
supérieure avait été contrainte de choisir des hommes et des femmes diminués et parvenus à un tel
degré de désespoir et d'impuissance qu'ils n'avaient
aucune chance. Elle choisit une bande d'ivrognes
abandonnés par presque toutes les personnes qui les
aimaient et méprisés par les personnes qui ne les
avaient pas abandonnés. Ils furent les premiers à
recevoir les Douze Étapes, aujourd'hui disponibles
pour tous.

Pour la première fois dans l'histoire, des millions
de personnes se libérèrent miraculeusement d'une
maladie pour laquelle la médecine n'a pas encore
trouvé de traitement. Douze Étapes simples avaient
réussi là où la science, la religion, la philosophie, la
psychologie et les progrès personnels avaient échoué.

Cinquante ans après que ces Étapes ont été
mises au point, j'ai eu la chance de donner un sémi-
naire sur les Douze Étapes en Ohio, à soixante médecins, conseillers, thérapeutes et directeurs de centres
de soins qui n'étaient pas malades eux-mêmes.
L'expérience avait rendu ces professionnels assez
sages pour comprendre qu'ils ne pouvaient traiter
efficacement leurs patients souffrant de dépendance
avant d'apprendre à mettre eux-mêmes en pratique
les Douze Étapes.

Aujourd'hui, des centaines de malades en phase
terminale, qu'ils souffrent d'une maladie liée à la

dépendance ou non, connaissent une rémission permanente après avoir mis en pratique, un jour à la fois, les Douze Étapes. Ce programme, découvert tout à fait par hasard par une poignée d'ivrognes impuissants, a permis jusqu'à maintenant à des millions d'humains désespérés, alcooliques ou non, de mener une vie productive et joyeuse. Ou bien était-ce une coïncidence? La coïncidence est peut-être la manière dont Dieu reste anonyme.

Ce n'est pas un programme religieux. Aucune religion n'est nécessaire pour mettre en pratique les Douze Étapes; cependant la plupart des églises adressent maintenant leurs membres éprouvés à des programmes Douze Étapes. Ce n'est pas un programme de psychothérapie, mais les psychologues prescrivent souvent les Douze Étapes comme une autre solution pour réaliser des progrès personnels. Ce n'est pas un programme de moral, mais les juges envoient des milliers de personnes à des groupes Douze Étapes plutôt que les envoyer en prison. Cela marche pour ceux qui sont malades. Leur état s'améliore. Cela marche aussi pour ceux d'entre nous qui sont en bonne santé. Leur vie s'améliore aussi.

Je ne sais pas pourquoi nous avons été si nombreux à ignorer, pendant si longtemps, que les Douze Étapes fonctionnaient aussi bien pour les personnes bien-portantes que pour les personnes malades. Les Douze Étapes ne sont pas un médicament destiné à anéantir les microbes des dépendances et des compulsions destructrices. Elles sont un moyen d'accepter les bonnes choses de la vie plutôt que de se concentrer sur les mauvaises choses. Grâce aux

Douze Étapes n'importe qui pourra vivre une vie plus productive et plus heureuse.

J'étais malade quand j'ai rencontré les Douze Étapes sur mon chemin. J'étais en phase terminale. La rapidité avec laquelle mon état dégénérait me laissait peu de temps à vivre. Les médecins me conseillèrent de mettre mes affaires en ordre. Je ne savais même pas comment. J'étais désarmé. Ma femme composa un numéro de téléphone pour moi. Elle insinua que possiblement les personnes qui étaient à l'autre bout du fil connaissaient un moyen secret qui me permettrait de vivre plus longtemps. Une voix chaleureuse et pleine de sollicitude commença à me présenter les Douze Étapes.

C'était il y a plus de trente ans. Je n'ai pas hésité une seconde. Que pouvais-je faire d'autre? J'avais essayé l'aide que pouvaient m'apporter la médecine, la religion et l'autodiscipline. Sans aucun succès. La seule chose que je n'avais pas essayée, c'était de lâcher prise pour qu'une Puissance supérieure puisse prendre le contrôle de ma vie en dérive. Aucun membre du clergé, médecin ou psychologue n'avait jamais exprimé un tel concept. Je n'avais entendu personne auparavant suggérer que je pourrais gagner en abandonnant, que le moyen de retrouver la santé et d'améliorer ma vie était d'arrêter d'être responsable et de céder la place à une Force invisible.

De toute évidence, les Douze Étapes ont fonctionné pour moi. Plus de trente années de bonne santé, prospérité et joie ont passé depuis et je peux vous assurer que les Douze Étapes ne se sont pas limitées à m'empêcher de mourir. Grâce à elles j'ai vécu une longue vie remplie de bonheur et de succès. Jamais je n'aurais imaginé possible de connaître vie plus merveilleuse, passionnante et libre.

Les Étapes fonctionnent-elles pour ceux et celles qui ne sont pas au seuil de la mort? Je ne l'aurais pas cru à cette époque. Je présumais qu'elles n'étaient destinées qu'aux personnes aussi malades que je l'étais. Aujourd'hui je connais mieux les Douze Étapes. Je n'ai pas été malade depuis des dizaines d'années; cependant, en continuant à mettre en pratique cette formule magique, ma vie continue à s'améliorer au-delà de mes attentes les plus folles. Chaque jour, j'ai davantage l'impression d'être à l'aube d'une nouvelle vie qu'à la veille de ma mort.

Je commençai donc en 1957 à travailler les Étapes à ma manière. Ce n'était pas la bonne manière. Pourtant il valait mieux mal travailler les Étapes que ne pas essayer du tout de les travailler. Même si je les ai mal comprises, elles m'ont gardé en vie et ont considérablement amélioré ma santé et ma qualité de vie.

J'ai commencé mon voyage vers une vie meilleure une vingtaine d'années après qu'une bande de perdants, en Ohio et à New York, ont échangé entre eux douze choses que tous avaient faites pour devenir des gagnants. Moins de 250000 personnes avaient entendu parler des Douze Étapes quand j'appris leur existence.

Aujourd'hui, au moins trois millions d'hommes et de femmes ont utilisé les Douze Étapes pour trouver le succès et le bonheur. En réalité, ces Douze Étapes magiques sont devenues l'élément le plus important de la vie prospère et joyeuse de toutes ces personnes, dont le nombre augmente au fur et à mesure que des milliers de personnes découvrent le miracle des Douze Étapes. Nous estimons que le nombre d'hommes et de femmes qui s'accrochent à cette formule pour trouver bonheur et succès double tous les ans. Les Étapes ne sont pas une religion; aucune religion n'est jamais devenue populaire aussi vite.

Pendant les six premières années, j'ai mal travaillé les Douze Étapes. Je m'accrochais à des valeurs que l'on m'avait enseignées depuis le berceau. Je croyais encore que j'avais le contrôle de ma vie. Je pensais que Dieu *s'attendait* à ce que je contrôle ma vie. C'est ce que j'avais appris depuis mon enfance. J'étais *incapable de lâcher prise* et je suivais les instructions fournies par les Étapes; toutefois le fait d'essayer de le faire le mieux que je pouvais m'a sauvé la vie, m'a rendu plus heureux et m'a permis de retrouver la forme pour utiliser ce moyen sûr qui me conduirait de l'échec au succès, du désespoir au bonheur.

Les Douze Étapes ont traversé les continents et les océans. Aujourd'hui, des gens florissants les suivent dans tous les pays du monde, y compris derrière le rideau de fer. Les Étapes ont été la première lumière de l'ouest à pénétrer en Union Soviétique, au tout début de la *glasnost*. Aujourd'hui, elles sont mises en pratique dans toute l'Union soviétique.

J'ai eu la chance d'entendre la regrettée Lois Wilson, premier membre des Al-Anon et femme du fondateur des AA, prendre la parole à la Nouvelle-Orléans en 1980 et à Montréal en 1985. À quatre occasions, je l'ai entendu dire: «Je ne doute pas que les principes des Douze Étapes, tels que mis en pratique par les AA, Al-Anon, Al-Ateen et un grand nombre d'autres mouvements partout dans le monde, apporteront un jour la paix au monde.»

Un jour, je poussai du coude une citoyenne d'un autre pays, assise près de moi tout en haut d'un stade rempli par 35000 personnes. «Mais malheureusement», marmonnai-je, «nos politiciens ne mettent pas les Douze Étapes en pratique».

«Mais Joe», me répondit-elle avec un merveilleux accent étranger, «le premier ministre de mon pays le fait, il est en recouvrance depuis quatre ans». Peut-être les chefs d'États découvriront-ils un jour, au cours d'une réunion au sommet, qu'ils font tous partie de programmes Douze Étapes. Ce sera enfin l'avènement de la paix mondiale.

«Je ne sais pas pourquoi les gens continuent à parler de la *partie spirituelle de notre programme*», se demandait Lois au podium. «Les Douze Étapes *sont* spirituelles. Elles ne sont que spirituelles.»

Six ans après avoir découvert pour la première fois les Douze Étapes, alors que le nombre de personnes qui avaient adopté ces douze suggestions simples pour vivre la vie la meilleure possible avait pratiquement doublé, je commençai à croire à la première moitié de la Première Étape. Quand trois années supplémentaires furent passées, pendant lesquelles mon mode de vie ne cessa de s'améliorer, je fus capable d'accepter la deuxième moitié de la Première Étape. À ce moment-là, le nombre de personnes qui avaient tiré profit des programmes Douze Étapes avait augmenté de presque un demi-million. C'était surtout des gens avec de graves problèmes de boulimie, de jeu compulsif, de dépendance aux drogues,

d'alcoolisme ou de contrôle, et ils avaient fait beaucoup plus que cesser miraculeusement et avec succès
ces graves comportements compulsifs. Les personnes
qui suivirent les Étapes virent ces types de problèmes disparaître presque fortuitement et découvri-
rent une nouvelle façon de vivre si profitable que
c'était difficile de le croire.

Quiconque suivait les Douze Étapes n'avait cesse
de répéter: «*Regardez-moi. Je suis un miracle
vivant!*» D'autres semblaient décidés à miser sur ce
qui paraissait être quelque chose de sûr et commen-
cèrent à apprendre comment aborder les Douze
vraies Étapes qu'on leur proposait et que des milliers
de personnes avaient essayées. En 1976, ils étaient
deux millions et en 1980 trois millions à suivre ces
Étapes qui leur permettraient de connaître une vie
plus merveilleuse que dans leurs rêves les plus fous.
En 1990, qui sait combien de millions auront parcouru la route sans embûches vers le bonheur et le
succès.

Les Étapes sont simples. Elles sont si simples
que ce sont ceux d'entre nous qui se considèrent
comme des intellectuels qui ont le plus de difficulté à
les suivre. Pour un intellectuel, la distance la plus
courte entre deux points est: dans la direction oppo-
sée, tout autour du monde, avec des détours explora-
toires illimités jusqu'à ce qu'il, espérons-le, atteigne
enfin ce qui était la porte à côté. Voici pourquoi il m'a
fallu neuf ans pour terminer la Première Étape. Il
n'est pas nécessaire que cela vous prenne autant de
temps, sauf si vous commettez les mêmes erreurs
que moi.

Les gens compliqués semblent devoir apprendre de la manière dure ce que chacune de ces simples Étapes *ne veut pas dire*, avant de pouvoir voir clairement ce qu'elle veut dire. Le but de ce livre est de vous aider à éviter les pièges qui vous feront perdre du temps, pièges sur lesquels j'ai trébuché alors que j'avançais, d'un pas hésitant mais régulier, vers une vie encore plus merveilleuse que je ne pouvais l'imaginer.

Les Douze Étapes magiques vers le bonheur fonctionneront pour n'importe qui; toutefois, souvenez-vous bien qu'elles nous viennent de Bill Wilson, connu sous le nom plus affectueux de Bill W., fondateur des AA. Bill les a publiées pour la première fois dans le *Big Book* des AA, en 1939. Pas une fois il n'a tenu un propos dangereux qui circule parmi les disciples de Thomas l'incrédule dans divers mouvements Douze Étapes. Bill n'a jamais dit: «Chacun doit suivre les Douze Étapes à sa manière.» Au contraire, la deuxième phrase écrite par Bill dans l'avant-propos de la première édition était: «Le principal but de ce livre est de montrer aux autres [...] *avec précision comment nous sommes parvenus à la recouvrance.*» Les italiques viennent de lui et non de moi. «*Avec précision comment*» ne me disait sûrement pas de suivre les Étapes à ma manière. Je pensais que je ferais mieux de faire exactement ce qu'elles me suggéraient, sinon elles pourraient ne pas fonctionner comme elles avaient fonctionné pour ces millions de personnes qui profitaient du miracle d'une vie infiniment meilleure que celle qu'elles avaient connue auparavant.

Malheureusement, ce n'est que par la méthode de l'élimination que les personnes à l'esprit analytique peuvent atteindre le nouveau mode de vie décrit dans les Douze Étapes. Cela est dû au fait que les Étapes nous disent exactement le contraire de ce que nos parents, nos professeurs, les membres du clergé et nos employeurs nous ont toujours dit de faire. Par conséquent, même si le langage des Étapes est simple et limpide comme du cristal, nous persisterons au début à donner une fausse signification aux mots, pour nous conformer à ce que l'on nous a enseigné auparavant.

Un bon moyen, pour ceux et celles d'entre nous qui ont un esprit compliqué, de trouver ce que chaque Étape nous demande de faire consiste à demander à un enfant de douze ans de les lire et de nous dire précisément ce qu'elles nous demandent de faire. Le langage des Étapes est assez simple pour que n'importe quel adolescent puisse les comprendre facilement. Il nous suffit de faire ce que la jeune personne nous dit et nous serons sur le bon chemin.

N'ayez pas honte si vous ne comprenez pas rapidement ce qu'une Étape vous suggère de faire. Seul un intellectuel peut mal comprendre une Étape. Il n'y a pas de raison d'avoir honte d'être un intellectuel. Voltaire a déclaré: «Si vous voulez vous faire des ennemis, essayez de changer quelque chose.» Avant que nous ayons avancé assez loin dans les Étapes, nous aurons compris que nous devons être disposés à changer. Le reste ne faisait que me confirmer que mon dicton favori deviendrait vrai. «La vérité vous libérera mais, au début, elle vous dérangera.» À ce moment du processus qui nous conduira vers le bonheur et le succès, nous devons résister à la tentation de ne pas changer. Nous devons décider de ne pas rester ce que nous avons toujours été.

Il est facile de commettre l'erreur de penser que les Étapes doivent être travaillées différemment pour des problèmes différents. Cependant, elles nous disent de faire la même chose pour tous les problèmes. Elles nous montrent essentiellement comment *lâcher prise et laisser faire Dieu*. Les personnes qui ont besoin de se joindre à divers mouvements pour traiter diverses maladies ou compulsions n'ont pas à mettre en pratique Douze Étapes différentes dans chaque programme. Ce sont les mêmes Douze Étapes. Seules les Première et Douzième Étapes sont légèrement modifiées. Dans la Première Étape, nous reconnaissons que nous sommes impuissants face à une dépendance ou à un comportement destructif que nous n'avions pas reconnu avant comme quelque chose que nous ne pouvions pas contrôler. Dans la Douzième Étape, nous transmettons le message des Douze Étapes aux autres personnes qui partagent cette même impuissance. Ceux d'entre nous qui pratiquent déjà ces Étapes dans un programme de recouvrance ne font qu'inclure dans la Première Étape le problème qu'ils ignoraient jusqu'ici, reconnaissent leur impuissance face à ce problème et l'incluent dans les Douze Étapes qu'ils pratiquent déjà.

Devons-nous assister aux réunions de plus d'un mouvement pour traiter différentes maladies? Pourquoi pas? Nous n'irions pas chez un garagiste pour nous faire soigner les amygdales, ni chez un dentiste pour faire changer un pneu. Si nous connaissons déjà un peu les Étapes, nous pouvons grandir davantage en partageant le message avec d'autres personnes qui souffrent du même mal incurable que nous confessons enfin. Les Douze Étapes vers le succès et le bonheur fonctionnent mieux pour les personnes qui partagent avec les autres. Mais nous ne travaillons pas les Étapes différemment en fonction des motifs qui nous poussent à entrependre un programme Douze Étapes. Un alcoolique qui a appris, chez les AA, à ne plus essayer de contrôler sa vie pourrait finir par se soûler en essayant d'apprendre à *contrôler* un autre problème dans une autre association. Les Douze Étapes ne permettent pas à une personne de contrôler un problème *quel qu'il soit*. Mettre en péril une Étape que nous pratiquons déjà pour l'appliquer à un autre comportement incontrôlable ne serait pas seulement illogique, mais aussi déraisonnable.

Il existe de nombreux mouvements, mais il n'y a qu'un seul programme Douze Étapes. Pour que ce programme fonctionne, nous ne devons pas nous contenter de pratiquer les Douze Étapes en paroles. Nous devons aussi partager notre impuissance absolue, que la Première Étape nous demande d'admettre, pour pratiquer les Étapes ensemble. Nous ne pouvons pas le faire tout seul. Dans aucune des Étapes il n'y a de *Je*, de *Moi* ou de *Ma*.

Il n'est pas facile d'abandonner les vieilles idées du bien et du mal qui nous ont été enseignées depuis le berceau. Nous trouvons difficile d'abandonner les principes d'une société malsaine que nous avons enseignés à nos propres enfants. La vérité commence quand nous découvrons que nous avons tort. C'est le seul moyen d'apprendre la vérité. Lorsque nous découvrons que nous avons tort, nous pouvons enfin avoir raison.

Si nous le leur permettons, les Douze Étapes purifieront nos esprits de tout ce que l'on nous a enseigné auparavant sur la manière dont nous devons vivre. Elles nous permettront de recommencer à zéro, de retourner au stade où nous étions avant de commencer notre apprentissage. Ces Douze Étapes nous montreront comment renaître. Après notre renaissance, elles feront de notre vie un succès.

Le succès, c'est faire ce que nous voulons faire. L'échec, c'est ne pas faire ce que nous voulons faire.

Les premiers mots que notre mère nous a enseignés étaient: «Non. Non. Vilain, vilain. Bébé ne doit pas faire ça.» Que faisions-nous quand elle disait vilain, vilain? Probablement quelque chose d'aussi normal et raisonnable que pleurer, mouiller notre couche ou laisser la nourriture dégouliner sur notre visage, parce que nous n'avions pas encore appris qu'il est plus agréable de ne pas faire ces choses-là. Et Maman disait «Non, non. Le vilain bébé ne doit pas faire ça!» Rapidement, notre père, nos oncles, nos tantes et nos grands frères et sœurs ont dit à leur tour: «Non, non. Méchant bébé!» Peu importe ce que nous voulions faire, surtout si c'était agréable, les voisins, les professeurs, les policiers affectés à la surveillance du quartier, les membres du clergé et les surveillants de la cour de récréation nous disaient tous *non*. Quand nous avons atteint l'âge magique de

la puberté, et qu'il y avait encore plus de choses nor-
males que nous aurions pu aimer, on ne nous disait
pas seulement «Non, non, vilain bébé!» Mais les personnes chargées de notre éducation se fâchaient
contre nous et criaient: «Il est temps que tu
grandisses! Grandir signifie que nous ne devrions
pas avoir à te dire tout le temps *non*! Grandir signifie que tu dois te dire *non* à toi-même!»

C'est ainsi que depuis le berceau, on nous a dit de
céder, de nous dire à nous-mêmes *non non, bébé*, en
particulier lorsque nous voulions faire quelque chose
de naturel.

Si le succès consiste à faire ce que nous avons
envie de faire et si l'échec consiste à ne pas faire ce
que nous avons envie de faire, nous avons passé
notre vie à apprendre comment être des ratés. Au
lieu d'apprendre comment dire oui à nous-mêmes, on
nous a exercés à céder. On nous a enseigné à pratiquer l'échec. Toutefois, à l'âge de la maturité, nous
nous regarderons dans un miroir et nous nous
demanderons: «Pourquoi n'as-tu pas réussi?» Quelle
chance avons-nous de réussir dans une société qui
nous exerce à dire sans cesse non à nous-mêmes.

N'est-il pas vrai que, devant une occasion qui se
présente à nous par surprise et ne dure qu'une
seconde, nos instincts ont été exercés à dire *non*
immédiatement ou à réfléchir à l'occasion en question jusqu'à ce qu'il soit trop tard? À ce moment-là,
toute chance de succès aura passé depuis longtemps.

Les Douze Étapes vous enseigneront à dire *oui* à
vous-même. *Oui* tout le temps. Quand vous pourrez
dire oui, vous connaîtrez le succès.

Ces Étapes vous permettront de vivre sans connaître la peur, la culpabilité ou l'inquiétude. Quand vous y parviendrez, vous serez heureux.

Les Douze Étapes ne sont pas religieuses, même si six d'entre elles vous mettront en contact direct avec un Dieu aimant sans vous demander de le comprendre. Quand vous aurez terminé les Douze Étapes, vous ne *croirez* plus aveuglément en Dieu. La croyance est un substitut à la connaissance. À travers les Douze Étapes, vous *ferez la connaissance* de Dieu. Vous aurez enfin la preuve de l'existence de Dieu. La religion ne sera pas nécessaire pour que ce miracle se produise. Vous n'avez pas besoin de la religion pour entreprendre les Douze Étapes vers le bonheur et la prospérité.

Vous n'avez pas besoin de mériter ou de gagner une vie agréable. Vous devez seulement la vouloir, entreprendre les Douze Étapes et accepter le meilleur de la vie. Plus vous vous serez éloigné du bien-être, plus il vous sera facile de suivre les Étapes. Pour certains, il sera nécessaire de plonger au plus profond de la peur, de l'échec et du désespoir pour entreprendre la Première Étape. D'autres, disposés à miser toute leur vie sur l'inconnu, n'auront pas besoin de descendre si bas pour commencer les Étapes. Et ceux confortablement assis, qui sont disposés à lâcher prise et à «laisser faire Dieu» en travaillant ces Étapes, se trouveront encore plus confortablement assis.

Nous ne pouvons pas terminer les Douze Étapes en un jour, une semaine, un mois ou un an. Il se peut que nous ne terminions jamais certaines Étapes. Cela prendra longtemps, un jour à la fois, mais le voyage ne sera pas ennuyeux. Aucune volonté, aussi forte soit-elle, ne pourra vous faire parcourir plus rapidement les Douze Étapes. Toutefois, toute votre volonté pourra être nécessaire pour entreprendre la Première Étape ou pour passer d'une Étape à l'autre. Mais les résultats positifs que vous obtiendrez égaieront votre vie dès le début. Votre vie s'améliorera et continuera à s'améliorer au fur et à mesure que vous vous efforcerez d'entreprendre les Étapes. Vous pouvez aussi abandonner les Douze Étapes à tout moment du parcours et votre misère vous sera restituée.

Peut-être penserez-vous que vous avez entrepris la Première, la Troisième ou la Huitième Étape plusieurs fois et apprendrez-vous plus tard que vous avez seulement pensé l'avoir entreprise sans l'avoir réellement fait. Mais vous avez toujours une autre chance, et encore une autre, jusqu'à ce que vous ayez travaillé toutes les Étapes.

Vous verrez des raccourcis qui en réalité n'en sont pas. Il n'existe pas de moyen plus facile et plus doux vers le succès et le bonheur. Il se peut que vous finissiez par croire qu'il n'existe aucun autre moyen. Il peut devenir évident que depuis le début des temps personne n'a vraiment connu le succès et le bonheur sans suivre les principes des Douze Étapes, que ce soit délibérément, instinctivement ou accidentellement.

Voici l'adaptation des Douze Étapes qui amélioreront considérablement la vie de toute personne désireuse de connaître le succès et le bonheur.

1. Nous avons admis que nous étions impuissants et que nous avions perdu la maîtrise de notre vie.

2. Nous en sommes venus à croire qu'une Puissance supérieure à nous-mêmes pouvait nous rendre la raison.

3. Nous avons décidé de confier notre volonté et notre vie aux soins de Dieu *tel que nous Le concevions.*

4. Nous avons courageusement procédé à un inventaire moral, minutieux de nous-mêmes.

5. Nous avons avoué à Dieu, à nous-mêmes et à un autre être humain la nature exacte de nos torts.

6. Nous avons pleinement consenti à ce que Dieu élimine tous ces défauts de caractère.

7. Nous Lui avons humblement demandé de faire disparaître nos déficiences.

8. Nous avons dressé une liste de toutes les personnes que nous avions lésées et nous avons consenti à leur faire amende honorable.

9. Nous avons réparé nos torts directement envers ces personnes partout où c'était possible, sauf lorsqu'en ce faisant, nous pouvions leur nuire ou faire tort à d'autres.

10. Nous avons poursuivi notre inventaire personnel et promptement admis nos torts dès que nous nous en sommes aperçus.

11. Nous avons cherché par la prière et la méditation à améliorer notre contact conscient avec Dieu *tel que nous Le concevions*, Lui demandant seulement de nous faire connaître Sa volonté à notre égard et de nous donner la force de l'exécuter.

12. Ayant connu un réveil spirituel comme résultat de ces Étapes, nous avons alors essayé de transmettre ce message aux autres et de mettre en pratique ces principes dans tous les domaines de notre vie.

La première fois que j'ai lu ces Étapes, j'ai dit: «Merveilleux. Je suis d'accord avec tout ça. C'est vraiment comme ça que je vis. C'est ce que j'ai appris à l'église.» Faux. Les Étapes ne sont pas la même chose que ce que j'ai appris à l'église. J'y ai appris à prier pour que Dieu m'aide à atteindre les objectifs que je me suis fixés. Je ne lui demandais que des choses précises et en ce qui concernait ma vie, je ne faisais que prier pour qu'il m'aide à la contrôler. Ce n'est pas le chemin magique des Douze Étapes vers le bonheur.

Un piège nous guette la première fois que nous lisons les Douze Étapes. Nous sommes nombreux à penser qu'elles répètent ce que nous avons appris ailleurs, comme dans la religion, la psychologie, la philosophie ou certaines écoles de pensée qui nous enseignent comment atteindre nos propres objectifs par la visualisation, le pouvoir de la pensée positive, le contrôle de l'esprit, comment rendre l'adulte en nous responsable de l'enfant en nous, apprendre à nous aimer, fixer des limites, éveiller le troisième œil, déterminer quel comportement est acceptable ou inacceptable, ou encore apprendre à nous situer dans l'univers. Il se peut que nous ayons trouvé ces techniques utiles pour essayer de contrôler notre vie, mais aucune d'elles ne ressemble aux Douze Étapes. Quand nous adoptons de nouvelles méthodes pour changer, contrôler ou diriger notre comportement, nous essayons d'exercer un pouvoir humain sur une vie incontrôlable. Nous essayons de contrôler. Nous renonçons aux Étapes en faveur d'un autre programme bien intentionné. Il n'y a pas d'objection à ce que quelqu'un essaie une ou toutes ces techniques destinées à nous aider à progresser. Toutefois, nous devons reconnaître que de telles méthodes visant à atteindre des objectifs humains ne sont pas compatibles avec les Étapes. Elles rendent impossible la mise en pratique des Douze Étapes.

C'est notre choix. Allons-nous suivre les Douze Étapes ou autre chose? Cela dépend de nous.

Si vous pensez reconnaître dans les Douze Étapes une façon de vivre que vous avez apprise ailleurs, vous faites erreur. Continuez à lire avant de décider que le chemin des Douze Étapes est déjà celui que vous suivez. En réalité, les Étapes vous orienteront vers un nouveau chemin qui vous conduira au succès et au bonheur, et sont probablement tout le contraire de ce à quoi vous pensez qu'elles ressemblent et complètement différentes de toutes les autres méthodes utilisées pour triompher de la vie dont vous avez entendu parler auparavant.

Souvenez-vous que la vérité vous libérera, mais au début elle peut vous causer une peur bleue. Il peut être facile de changer sa manière de vivre avec les Douze Étapes, mais il n'est pas facile du tout de choisir de changer.

Il est absurde d'utiliser les Étapes qui nous enseignent à abandonner le contrôle de notre vie comme moyens d'accroître ce contrôle. Lâcher prise et «laisser faire Dieu» ne veut pas dire s'accrocher et le faire nous-mêmes. «Laisser faire Dieu» n'est pas Lui demander de nous aider à nous contrôler nous-mêmes. C'est Lui demander de le faire pour nous.

Les Étapes sont simples. Décider de les suivre et d'accorder une attention rigoureuse à ce qu'elles disent réellement est difficile. Il est peut-être désagréable de vivre comme on nous l'a enseigné, mais il est rassurant de suivre des ordres. Il n'est pas rassurant d'embarquer dans une toute nouvelle façon de vivre, même si notre nouvelle vie a des chances d'être plus facile.

C'est comme la prière. Il n'est pas difficile de prier comme on nous l'a enseigné durant toute notre vie. Il nous faudra peut-être toute la détermination que nous pouvons réunir pour abandonner nos vieilles habitudes et adopter une manière de prier complètement différente, une manière dont nous avons entendu parler pendant toute notre vie, mais que nous n'avons jamais essayée auparavant. L'ancienne manière était facile mais inefficace. La nouvelle manière sera difficile au début, mais marchera chaque fois.

Une partie d'une prière introduite aux États-Unis par un théologien de Nouvelle-Angleterre peut vous être utile jusqu'à ce que vous appreniez comment entreprendre la Première Étape. Une fois, j'ai vu cette portion de prière attribuée à saint François d'Assise sur une plaque à vendre dans un magasin d'articles religieux. Je suis heureux de l'occasion qui m'est donnée de corriger les annales de l'histoire. La prière non confessionnelle, dont la première phrase est utilisée pour ouvrir presque toutes les réunions

Douze Étapes au monde, a été évoquée pour la première fois en 1926 par Reinhold Niebuhr.

Mon Dieu, donnez-moi
la SÉRÉNITÉ
d'accepter les choses
que je ne peux pas changer,
le COURAGE
de changer les choses
que je peux changer,
et la SAGESSE
d'en connaître la différence.

De vivre un jour à la fois,
d'accepter les épreuves
comme le chemin vers la paix,
d'accepter comme Il l'a fait
ce monde comme il est,
et non pas comme je voudrais qu'il soit.

De croire qu'Il va prendre soin de tout
si je capitule
et si je m'en remets à Sa volonté,
que je peux être
raisonnablement heureux dans cette vie
et suprêmement heureux avec Lui,
pour toujours, dans le futur.

Même si la deuxième strophe de la prière ci-dessus, utilisée onze ans avant que ne soient fondés les AA ou tout autre groupe Douze Étapes, parle du concept de l'acceptation et de «vivre un jour à la fois», seule la première partie de la prière a été adoptée par ceux et celles qui partagent les Douze Étapes partout dans le monde. C'est une meilleure façon de vivre que celle à laquelle la plupart d'entre nous sont habitués, une formule visant à gérer le mieux possible notre vie jusqu'à ce que nous soyons convaincus que nous ne pouvons pas la contrôler du tout. C'est comme une trousse de premiers soins, quelque chose qui nous permet de rester vivants jusqu'à l'arrivée du médecin. Nous l'appelons la prière de la sérénité.

Mon Dieu, donnez-moi
la SÉRÉNITÉ
d'accepter les choses
que je ne peux pas changer,
le COURAGE
de changer les choses
que je peux changer,
et la SAGESSE
d'en connaître la différence.

C'est la meilleure manière jamais imaginée pour que quelqu'un, qui croit encore qu'il doit gérer sa vie, continue temporairement à essayer de le faire.

La prière de la sérénité a fait à elle seule des miracles dans la vie des gens. Mais souvenez-vous qu'elle vient avant la Première Étape. Ce n'est pas un substitut pour une des Douze Étapes et elle n'apportera pas le succès et le bonheur que les Douze Étapes vous apporteront.

Au début, utilisez souvent cette prière, surtout dans les moments de lutte et d'anxiété. Elle vous apportera la paix dont vous avez besoin avant de pouvoir continuer tout naturellement la miraculeuse aventure des Douze Étapes qui vous sont proposées et qui vous conduiront au succès et au bonheur.

Ce n'est pas un programme religieux, mais il ne fait aucun doute que le programme implique vous et Dieu, que vous Le compreniez ou que vous ne Le compreniez pas. Si vous êtes athée ou agnostique, ne vous laissez pas dissuader pour autant. L'univers, la nature ou les lois de la physique peuvent être votre Puissance supérieure. Les personnes qui ont de la difficulté à s'habituer au mot *Dieu* peuvent le remplacer par le mot *Bien* dans les Douze Étapes.

Tout le monde peut entreprendre les Douze Étapes. Vous n'avez pas besoin d'être acculé au mur. Vous avez seulement besoin de désirer être plus heureux et avoir plus de succès que maintenant.

Les Étapes sont numérotées de un à douze. Elles s'appellent Étapes pour que nous sachions que nous les parcourons l'une après l'autre comme nous gravirions n'importe quel autre escalier. Ou encore, de la même façon qu'un bébé apprend à marcher, un pas à la fois. Le but de mettre un numéro à chacune d'elles est bien évidemment de nous faire savoir l'ordre dans lequel nous devons les entreprendre quand nous commençons cette aventure qui nous mènera vers une vie remplie de récompenses.

Nous commençons par la Première Étape et faisons chaque Étape individuellement afin de progresser jusqu'à la Douzième Étape. Cela exigera beaucoup de temps et d'efforts. Une fois que nous aurons parcouru les Douze Étapes pour atteindre un réveil spirituel que nous n'avons jamais connu auparavant, nous apprendrons à appliquer les Étapes de façon ponctuelle à toute situation à laquelle nous serons confrontés dans notre vie quotidienne. Nous pourrons choisir à n'importe quel moment l'Étape que nous devons travailler de nouveau afin de laisser une Puissance supérieure à nous-mêmes contrôler nos pensées, nos émotions et notre comportement et nous aider à traverser une difficulté ou un obstacle auquel nous sommes confrontés.

Les Étapes n'empêchent pas les mauvaises choses de se produire. Elles nous donnent la sérénité nécessaire pour survivre avec calme et grâce aux désagréments qui peuvent nous arriver. Elles nous donnent la tête froide dont nous avons besoin pour traverser une situation, bonne ou mauvaise, sans nous écrouler. Une Puissance supérieure améliorera notre intuition, si bien que nous pourrons nous y fier afin qu'elle nous inspire les démarches à suivre pour nous protéger du désastre.

Les Étapes nous donnent la sérénité comme base sur laquelle construire une vie meilleure. S'il n'y avait pas d'agitation de temps à autre, la sérénité serait inutile. Si jamais rien n'allait de travers, nous n'aurions pas besoin de sérénité. Comment saurions-nous que nous avons de la sérénité si nous n'avions pas de problèmes pour l'utiliser? Nous ne parvenons pas au succès et au bonheur en niant que nous avons des difficultés. Nous parvenons au succès et au bonheur en contournant les difficultés.

Certains d'entre nous s'effondrent quand les choses vont «trop bien». Nous avons peur du succès. Les

Étapes remplacent la peur par la sérénité. Le succès ne nous effraie plus. Nous nous y habituons. Nous grandissons pour l'aimer. Le succès nous rend heureux et attirants. Nous devenons enfin des gagnants. Les autres aiment nous entourer parce que nous avons quelque chose de merveilleux à partager. Nous vivons de plus en plus en accord avec les Douze Étapes au fur et à mesure que nous transmettons cette nouvelle manière de vivre. Nous transmettons le message. Plus nous le répandons autour de nous, plus nous sommes heureux. Sa cruche est tellement remplie de joie que plus nous la vidons, plus elle se remplit.

Si vous pensez encore que ces Étapes, mises au point par des alcooliques dans le seul but de se libérer d'un comportement malsain, ne vont pas améliorer votre vie, pensez une minute à la manière dont elles ont permis le miracle de la recouvrance pour des personnes moins chanceuses que vous. Premièrement, elles ont permis la rémission totale de cette maladie incurable qu'est l'alcoolisme pour plusieurs millions de membres des AA. Les Étapes présentent de loin le moyen qui remporte le plus de succès chez les dépendants aux drogues désireux de guérir. Des joueurs compulsifs incurables surmontent leur dépendance avec les Douze Étapes. Des outremangeurs compulsifs qu'aucun régime alimentaire connu n'a pu aider à résoudre leur problème sont retournés à des habitudes alimentaires saines avec ces Étapes. Elles permettent aux fumeurs qui n'ont jamais pu arrêter de fumer auparavant d'arrêter la cigarette pour toujours, un jour à la fois. Elles permettent aux

acheteurs compulsifs de dépenser raisonnablement
et de vivre à l'aise. Les Douze Étapes maîtrisent la
maladie invincible de la codépendance. Avec les Étapes, des personnes atteintes de cancer en phase terminale, du SIDA ou d'autres maladies mortelles
survivent.

«Attendez une minute!» vous écrierez-vous. «Le
SIDA? Le cancer?» Le doute vous fera secouer la
tête. «Les Étapes ne marcheront pas pour un virus
ou une maladie maligne. Ces maladies sont
incurables.» Les Étapes ont été créées pour une
maladie incurable. L'alcoolisme est incurable. Il en
est de même pour le jeu compulsif ou la boulimie. La
médecine n'a pas encore trouvé le moyen de traiter le
problème de la drogue, excepté en priant les malades
«de se joindre à un programme Douze Étapes». Les
Étapes permettent à la personne atteinte de survivre
à une maladie incurable, non pas grâce à la science
ou à la logique, mais grâce à la recouvrance *miraculeuse*. La Puissance supérieure à nous-mêmes, qui
fait en sorte que ces Étapes fonctionnent, n'est pas
une Puissance créée par l'être humain. Ce n'est pas
une Puissance rationnelle. C'est une Puissance *surnaturelle*.

Je me suis souvent demandé pourquoi il m'avait
fallu si longtemps pour voir la logique des Douze
Étapes. Une fois que je l'ai vue, je me suis demandé
pourquoi les personnes imprégnées de logique ne
pouvaient y parvenir. Ce n'est qu'en les regardant
patauger dans les Étapes que j'ai enfin compris la
difficulté qu'avaient les intellectuels à les comprendre. Le fait est que les Étapes ne sont pas logiques.

Ce chemin vers une vie de bonheur et de succès n'est pas une procédure logique. Il nous demande «de croire» qu'une force surnaturelle supérieure à toute l'humanité nous rendra heureux, joyeux et libres. Rien de surnaturel n'est logique. Les Douze Étapes aboutissent à un miracle authentique qui réussit à améliorer notre vie. Par définition, un miracle n'est pas logique. C'est pourquoi nous l'appelons miracle.

Enfant, j'aurais souhaité vivre au temps merveilleux des miracles bibliques. J'ai toujours souhaité en voir un. J'ai pratiqué les Douze Étapes pendant des années avant qu'il ne me vienne soudain à l'esprit que j'avais vu des milliers de miracles, plus de miracles qu'il n'en est relaté dans toutes les bibles du monde. J'en avais vu tellement que je tenais les miracles pour acquis.

Le miracle des Douze Étapes exige la foi. Heureusement, les Étapes créent elles-mêmes la foi nécessaire. En regardant ces Étapes fonctionner chez les autres et en les sentant fonctionner chez nous, même ceux d'entre nous qui doutent le plus dépassent le rationnel pour grandir et connaître le bonheur grâce aux Étapes. Les Étapes deviennent logiques seulement quand nous commençons à croire en elles.

Dans une lettre datée du 30 janvier 1961 et adressée à Bill W., le célèbre psychiatre Carl Gustaf Jung décrivit les Douze Étapes comme «une éducation supérieure de l'esprit au-dessus du simple rationalisme». Il n'est pas nécessaire de concevoir Dieu en détail pour connaître le succès et le bonheur. Ces alcooliques qui ont conçu les Étapes pour nous en 1939 appelaient la Puissance supérieure «*Dieu tel que nous Le concevions*». Ils ne purent se mettre d'accord que sur une chose: Dieu était «*une Puissance supérieure à nous-mêmes*». C'est aujourd'hui encore la seule conception de Dieu dont nous ayons besoin.

Le chemin des Douze Étapes vers le succès et le bonheur n'est pas une approche pragmatique de la vie. Il «dépasse le simple rationalisme». Il s'agit d'un programme spirituel qui prouve, sans aucun doute, depuis plus de cinquante ans «qu'une Puissance supérieure à nous-mêmes» réussit là où le pouvoir d'aucun être humain ne réussit.

Si nous pensons encore que les Douze Étapes, qui ne font que demander à cette Puissance supérieure de travailler pour régler nos problèmes, ne vont pas fonctionner pour le SIDA ou le cancer, nous devrions faire un inventaire des autres aspects de la vie des êtres humains qui dépassent Dieu. Dieu ne peut pas faire face à un virus? Ou à une maladie maligne? Allons donc! À quoi d'autre Dieu ne peut pas faire face? Quelles autres choses sont plus puissantes que Dieu?

Si vous êtes sceptique, parfait. Les personnes dont la foi est insuffisante finiront par la trouver au fur et à mesure qu'elles avanceront dans les Étapes. La Première Étape ne nous demande pas d'avoir confiance en une Puissance supérieure. Elle nous demande de ne pas avoir confiance en nous-mêmes. Pas une absence totale de confiance, mais un doute très humain quant à notre aptitude à vivre à notre pleine capacité sans découvrir d'abord une meilleure formule qui nous permettra de remporter le maximum de succès.

Si les Douze Étapes fonctionnent pour les personnes atteintes de maladies incurables ou de compulsions autodestructrices, ou pour les personnes qui ont sombré au plus profond de la dépression ou de la pauvreté, pourquoi ne fonctionneraient-elles pas pour apporter une vie meilleure à quelqu'un comme vous qui n'a pas de problème désespéré?

Soyez assuré que ceux qui pratiquent les Étapes ne restent pas longtemps dans le désespoir. J'ai été personnellement témoin, presque quotidiennement, du miracle qui se produisait sous mes yeux. J'ai vu des pauvres devenir prospères, des cancéreux en phase terminale connaître la rémission, des personnes infectées par le VIH survivre sans contracter le SIDA, des gros fumeurs ne plus jamais fumer, des agoraphobiques (peur des lieux publics) prisonniers de leur maison assister à des concerts et faire leurs courses aux supermarchés, des anciens consommateurs de crack, libérés de la drogue, faire de l'haltérophilie dans des gymnases. Ce n'est pas parce que j'ai eu le bonheur de transmettre ce message à des personnes désespérées et de les regarder se sortir miraculeusement de problèmes terribles grâce à des solutions qui dépassent l'être humain, que je dois m'attendre à ce que vous sautiez sur les mêmes Étapes qu'elles ont entreprises pour échapper à l'enfer. Cela dépendra entièrement de vous.

Mais si cela marche pour elles, pourquoi cela ne marcherait pas pour vous?

Ceux d'entre nous qui ont la chance de découvrir les Douze Étapes ont un choix à faire. Il n'est pas nécessaire d'attendre que l'ascenseur touche le fond.

Nous pouvons descendre à n'importe quel étage. Ou bien, nous pouvons le prendre quand il monte et atteindre le sommet de notre vie.

Si vous êtes prêt à ne reculer devant rien afin de recevoir ce que des millions de personnes, qui connaissent un regain sensationnel de vitalité, ont déjà reçu en suivant les Douze Étapes proposées, vous êtes prêt à tourner la page et à regarder longuement la Première Étape.

Première Étape

*Nous avons admis que nous étions
impuissants et que nous avions perdu
la maîtrise de notre vie.*

*I*l peut être facile ou ne pas être facile de dire *j'admets que je suis impuissant*. Mais même si nous pouvons le dire, il se peut que nous ne puissions pas le croire. Et si nous ne croyons pas que nous sommes impuissants, il ne suffira pas de dire *j'admets que je suis impuissant* pour réellement l'admettre. Cela serait faire semblant de dire quelque chose que nous ne croyons pas. En réalité, n'est-il pas impossible pour nous d'admettre quoi que ce soit sans savoir que c'est vrai?

Qui veut admettre qu'il n'a aucun pouvoir? Notre société nous enseigne à rechercher le pouvoir. Les personnes les plus respectées de la communauté sont habituellement celles qui sont à la tête des entreprises, les hauts officiers militaires, les puissants politiciens, les puissants chefs religieux, les champions sportifs. On nous a enseigné, et nous enseignons à nos enfants, à essayer de devenir des membres puissants de la communauté. La plupart des parents seraient fiers de voir leur progéniture devenir président des États-Unis, ou de General Motors, ou médecin à la tête d'un grand hôpital avec une main d'acier pour le bien de l'humanité. Si nous disons *j'admets que je suis impuissant*, ne sommes-nous pas en train d'avouer ce qui est aux yeux de nos familles, de nos amis et de nos pairs un échec total? De plus, qui dit que nous devrions admettre une faiblesse en laquelle nous ne croyons pas?

Personne. La première partie de la Première Étape dit *nous avons admis que nous étions impuissants*. Elle ne suggère pas que nous mentions si nous ne croyons pas en notre impuissance. Pour admettre que nous sommes impuissants, nous devons réellement être impuissants et nous devons le savoir.

Les alcooliques qui ont entrepris les premiers cette Étape avaient appris durement qu'ils étaient impuissants face à l'alcool. Les toxicomanes qui ont suivi ce chemin vers la recouvrance étaient convaincus qu'ils étaient impuissants face aux drogues. Les personnes obèses qui ont travaillé les Étapes avaient compris qu'elles étaient impuissantes face à leur boulimie. Bien que leur manque total de pouvoir sur ces choses était évident, elles avaient beaucoup de difficulté à accepter leur véritable état d'impuissance. En fait, seule une très faible minorité des personnes souffrant de boulimie, de toxicomanie, d'alcoolisme, de schizophrénie, de névroses, de jeu compulsif, de tabagisme, de troubles causés par des mauvais traitements pendant l'enfance et d'autres maladies autodestructrices ont admis ces problèmes, sans parler pour autant d'admettre qu'elles étaient impuissantes face à ces problèmes.

Toutefois, quiconque est à la recherche de sa vie et de son moi intérieur tombera sans aucun doute sur quelque chose face à quoi il sera impuissant. Un fermier est impuissant face au temps. Un homme d'affaires est impuissant face à l'économie nationale et mondiale. Les personnes victimes du cancer, et les personnes qui seront victimes du cancer dans le futur, sont impuissantes face au cancer. Tout le monde est impuissant face au comportement des autres et même face à une grande partie de son propre comportement. Deux moyens certains d'échouer sont d'essayer de se comporter, et de se comporter, exactement comme quelqu'un d'autre veut que nous nous comportions, ou de demander aux autres de se comporter comme nous voulons. L'un et l'autre sont impossibles. C'est en essayant d'exercer ce type de contrôle que nous connaissons des guerres et des génocides depuis des milliers d'années.

Il semble que nous soyons impuissants face à la politique. Certains d'entre nous sont impuissants face à la pauvreté, la maladie, les tremblements de terre, les inondations, les affaires mondiales, les accidents ou l'amour.

Mais aujourd'hui, comme à toutes les époques, il y a des programmes destinés à «élever le niveau de conscience» auxquels participent fanatiquement des millions de personnes et qui partent du faux principe que chaque individu est personnellement responsable de tout ce qui lui arrive. Il est absolument impossible que ceux qui pensent devoir continuer à assumer l'entière responsabilité de tout ce qui leur arrive admettent leur impuissance. Vous ne pouvez pas être à la fois impuissant et responsable. C'est impossible. Pour travailler la première moitié de la Première Étape, ceux qui ont appris à assumer la responsabilité de tout dans leur vie devront abandonner cette vieille idée, même si elle semble toute nouvelle dans un programme destiné à «élever le niveau de conscience».

Nous avons admis que nous étions impuissants. Pouvons-nous le faire sans offenser Dieu? Ne nous a-t-Il pas donné un cerveau, des muscles et du talent pour avancer, travailler dur et être des citoyens responsables? Ou au contraire, a-t-Il dit à l'homme et à la femme, *vous avez pris le fruit interdit de l'arbre de la connaissance et vous avez appris comment subvenir à vos besoins contre Ma volonté? Parfait. Si vous pensez que vous êtes si intelligents, sortez de Mon jardin et disposez de vos vies! Ne revenez pas jusqu'à ce que vous ayez appris à vous conduire et que vous désiriez que Je sois de nouveau responsable de vos vies!*

Dieu nous a-t-Il donné du talent et de la volonté pour assumer la responsabilité de nos vies, ou nous a-t-Il chassés de l'Éden pour avoir usurpé Sa responsabilité? Nous surmonterons un des plus grands obstacles qui nous empêchent d'entreprendre la Première Étape si nous pouvons nous libérer de l'idée que Dieu veut que nous prenions le crédit ou le blâme pour tout ce qui nous arrive de bon ou de mauvais. Nous devons accepter que nous sommes impuissants face à notre propre vie et à la vie des autres, soit par le biais de la logique, soit par le biais de l'expérience pénible. La logique est le moyen facile d'apprendre que nous sommes impuissants. L'expérience pénible est le moyen dur et ne sera pas drôle du tout.

Un homme agonisant sous un mur qui s'est écroulé sur lui sans prévenir saura qu'il est impuissant. Une mère serrant sur son sein le corps d'un enfant sur lequel un camion a roulé saura qu'elle est impuissante. Un pilote plongeant vers le sol dans un avion en feu avec à son bord 240 passagers saura ce que signifie l'impuissance, ses passagers aussi. Ils auront entrepris la première moitié de la Première Étape, mais il ne leur restera pas beaucoup de temps pour entreprendre le reste.

Quand nous sommes acculés au mur et que nous sommes confrontés à la mort ou à la ruine, il ne nous est pas difficile de reconnaître que nous sommes impuissants. Mais avec trois bons repas par jour pour nous nourrir, deux voitures dans le garage et plein de cartes de crédit dans notre portefeuille, il est plus humain de prendre le crédit pour les bonnes choses que nous rencontrons et de blâmer les autres pour ce qui nous arrive de mauvais.

Durant mille ans, pendant lesquels le sang a coulé, les nobles du nord de l'Europe ont cherché le Saint-Graal. Le Graal n'était pas une coupe que l'on avait fait circuler pendant la Cène, comme le racontaient les versions de la légende du château de Camelot. Le Graal était le cœur d'un homme transformé en calice pour recevoir le pouvoir de Dieu, seulement s'il pouvait se libérer de son cerveau ou de son ego. Pour trouver le Graal, on demanda à un chevalier d'entreprendre une recherche spirituelle. On demanda neuf fois au noble, en service désintéressé sans possibilité de récompense, de se mettre en situation de danger tel qu'il ne pourrait pas sauver sa vie. Seul Dieu pouvait intervenir pour le sauver de la mort certaine. Même à cette époque, où les chevaliers étaient intrépides et où la superstition fleurissait, Dieu dut sauver l'homme de l'anéantissement neuf fois avant que son ego puisse être mis de côté pour laisser la lumière de Dieu traverser la couronne et atteindre son cœur. Ce n'est qu'alors que Dieu put régner à travers l'homme.

La guerre était la seule manière dont les chevaliers pouvaient concevoir se mettre en danger neuf fois. Afin d'éviter la guerre avec d'autres chrétiens, ils envahirent le Moyen-Orient et massacrèrent les «païens» pendant mille ans sans autre raison que provoquer des représailles, se mettre en grand danger et être sauvés neuf fois par Dieu pour diriger leurs frères moins éclairés en Son nom.

Le réveil spirituel qui accompagnait la découverte du Graal consistait à être enfin convaincu que Dieu était réellement plus compétent en cas de danger que les humains. Ou encore, que l'homme seul est réellement sans pouvoir, ou impuissant.

Pour vous convaincre de votre impuissance, il suffit de vous fixer un but en précisant en détail toutes les récompenses que cela vous apportera. Vous n'atteindrez jamais ce but exactement comme vous vous l'étiez fixé. Même si vous vous en approchez, vous n'accomplirez jamais quelque chose de la façon que vous aviez prévue et vous ne bénéficierez pas de toutes les récompenses que vous attendiez. La joie de parvenir à ce but, même partiellement, sera atténuée par le mode de vie frustrant exigé pour l'atteindre. Les personnes qui se fixent des buts vivent dans le passé quand elles se les fixent et dans le futur quand elles espèrent les atteindre. Elles oublient complètement de vivre dans le présent. Si bien que lorsqu'elles parviennent à un but, elles y ont déjà superposé un autre but et ne sont donc jamais satisfaites quand elles atteignent leur destination.

Il est impossible de continuer la deuxième moitié de la Première Étape si vous n'avez pas d'abord appris à vivre seulement dans le présent, un jour à la fois, sans aucun but. La deuxième moitié de la Première Étape consiste à *admettre que nous avons perdu la maîtrise de notre vie*. Comment pourrions-nous faire des plans suffisamment à l'avance sans planifier notre propre avenir? En d'autres termes, celui qui se fixe des objectifs essaie sans aucun doute de contrôler sa vie. Aussi longtemps que nous pensons que nous pouvons le faire, nous serons incapables d'admettre que nous en sommes incapables.

Une fois de plus, en admettant que nous ne pouvons pas contrôler notre propre vie, nous devons apprendre quelque chose de diamétralement opposé à tout ce que l'on nous a enseigné auparavant. Les membres du clergé, les professeurs et nos parents chéris ne nous ont-ils pas enseigné que pour parvenir au succès et au bonheur, nous devions contrôler efficacement notre vie? Et ne sommes-nous pas persuadés au plus profond de nous que la personne qui a vraiment réussi est celle qui contrôle non seulement sa propre vie, mais autant d'autres vies que possible? Si elle contrôle plusieurs vies, elle est un chef; et quel but pourrait, d'après nos mentors, être plus grand que celui de suffisamment bien contrôler notre vie pour devenir des chefs? Si nous pouvons contrôler plusieurs milliers de vies, nous pouvons devenir maire de notre ville ou président d'un syndicat. Si nous pouvons contrôler quelques centaines de millions de vies, nous pouvons devenir président des États-Unis ou premier ministre de Grande-Bretagne. Mais si nous ne pouvons même pas contrôler notre propre vie, quelle chance avons-nous d'obtenir le succès?

La réponse est aucune. Il n'existe aucun moyen d'*obtenir* le succès si nous ne pouvons pas apprendre à contrôler notre vie. Mais nous pouvons *accepter* le succès s'il nous vient de l'extérieur. Cependant, avant que nous puissions même envisager d'accepter notre sort déterminé par une force extérieure, nous devons, d'une façon ou d'une autre, avoir une preuve irréfutable que *nous avons réellement perdu la maîtrise de notre vie* et que nous n'apprendrons jamais comment la contrôler.

Nous ne pourrons jamais, pour la plupart, trouver un appui pour une telle doctrine auprès de nos parents, nos employeurs, nos professeurs, les membres du clergé ou les officiers. Aucun juge ou jury n'est disposé à accepter que cela ne vaut pas la peine que vous continuiez à essayer de contrôler votre vie. La seule façon qui vous permettra d'admettre que vous avez perdu la maîtrise de votre vie est de découvrir, une fois pour toutes, qu'il est impossible de la contrôler. En d'autres termes, vous devez *savoir* que vous ne pouvez pas contrôler votre vie avant de pouvoir l'admettre.

Comment pouvez-vous y arriver? Eh bien, examinez quelle a été votre vie jusqu'à maintenant. A-t-elle été comme vous vouliez? Si tel est le cas, vous n'avez pas besoin d'entreprendre les Douze Étapes. Vous vivez probablement instinctivement selon les principes des Douze Étapes, sinon vous ne seriez pas si satisfait de votre vie.

Mais, si vous y réfléchissez, peut-être n'êtes-vous pas complètement satisfait de la manière dont les choses sont allées dernièrement, ou pendant la plus grande partie de votre vie. Toutefois, n'avez-vous pas essayé de contrôler, en grande partie, votre vie de votre mieux en appliquant ce que vous connaissiez? Alors, pourquoi votre vie ne progresse-t-elle pas exactement comme vous l'aviez prévu? Se pourrait-il que vous ne sachiez vraiment pas comment contrôler votre vie, peu importe vos efforts?

Nous sommes enclins à dire que *c'est ridicule. Je connais la différence entre ce qui est bien et ce qui est mal, parce que j'ai eu de bons parents, professeurs et prêtres qui m'ont montré depuis mon enfance ce qui est bien et ce qui est mal. Pour contrôler ma vie, je n'ai qu'à faire ce qui est bien et à ne pas faire ce qui est mal. Quiconque connaît la différence entre le bien et le mal devrait pouvoir contrôler sa vie en suivant les règles qu'il a apprises.*

Mais quelles règles? Les règles des États-Unis ou de la Russie? Les règles des puritains ou des générations libérées? Suivons-nous les règles de Mohammed, Lénine, du pape, de Yogananda, de la Cour suprême, d'Hitler ou de Moïse? Ou nous contentons-nous de faire ce que notre maman nous a dit et de ne rien faire qu'elle désapprouverait? Peut-être devrions-nous nous contenter de faire ce que nos employeurs nous disent de faire pendant cinquante ans et de recevoir une montre en or pour avoir si bien contrôlé notre vie. Mais une montre en or signifiera-t-elle que nous avons réussi? Nous pourrions aussi inventer nos propres règles avec l'aide de conseillers juridiques, influencer les législateurs pour qu'ils transforment les règles de façon à ce qu'elles répondent à nos besoins et avoir un passe-partout pour la salle de bain, la haute pression et les ulcères afin de prouver que nous sommes parvenus au sommet.

Tôt ou tard, en procédant à un examen minutieux, nous devrons conclure que peu importe ce que nous pensions faire lorsque nous tentions de contrôler notre vie, nous n'avons jamais vraiment obtenu les résultats ou les récompenses que nous attendions. Un jour, nous nous surprendrons en train de secouer la tête avec nostalgie sur la musique de Peggy Lee et de chanter *N'y a-t-il rien d'autre?* (Is this all there is?)

S'il n'est pas trop tard, nous comprendrons que nous n'avons jamais eu le talent pour contrôler notre vie. Nous n'avions qu'une fausse croyance selon laquelle non seulement nous pouvions, mais nous devions contrôler notre vie. Nous pensions que c'était notre devoir, et que le fait de parvenir à une position où nous exercions le pouvoir sur les autres prouvait que nous avions bien fait notre devoir. Mais, heureusement, nous finirons par savoir que nous n'avons rien contrôlé. Nous n'avions que modifié les plans d'un bien meilleur Administrateur. Nous avions perdu la maîtrise de notre vie, peu importe ce que les autres, qui étaient aussi ignorants que nous dans ce domaine, nous avaient enseigné.

Et quand nous saurons enfin que *nous sommes impuissants et que nous avons perdu la maîtrise de notre vie*, alors et seulement alors nous pourrons l'admettre. Quand nous le ferons, nous dirons probablement, *j'ai entrepris la première des Douze Étapes.*

Mais, est-ce vrai? Nous pourrions décider de ne pas admettre que nous sommes impuissants. Il faudrait nous le prouver. Ce n'est qu'une fois que nous le saurons que nous pourrons l'admettre. Nous n'avons pas décidé que nous avions perdu la maîtrise de notre vie. Il est devenu évident que non seulement nous étions incapables de contrôler notre vie, mais que personne d'autre n'en était capable. C'est alors et seulement alors, après avoir appris humblement que nous sommes, ainsi que toute l'humanité, complètement incompétents pour contrôler notre propre vie, que nous pourrons admettre que nous sommes incapables de le faire. Nous n'avons pas du tout entrepris la Première Étape. Bien au contraire. La Première Étape s'est emparée de nous.

Un sentiment de soulagement nous envahit immédiatement. Si nous sommes impuissants et si nous ne pouvons pas contrôler notre vie, nous ne devons plus nous blâmer pour nos erreurs, sauf si nous continuons à essayer de contrôler notre propre vie. Si nous continuons à essayer de le faire après avoir admis que nous en sommes incapables, nous devons avoir perdu la raison. Seule une personne ayant perdu la raison continuerait, jour après jour, de faire quelque chose qu'elle sait impossible.

Mais s'il est inutile d'essayer de contrôler notre vie, parce que c'est impossible, qu'allons-nous faire? C'est très bien de découvrir et de pouvoir admettre que nous avons perdu la maîtrise de notre vie, mais après avoir essayé pendant toute notre vie de nous contrôler, qu'allons-nous faire à la place?

La Première Étape ne répond pas à cette question. Le moment doit être venu de passer à la Deuxième Étape.

Deuxième Étape

Nous en sommes venus à croire qu'une Puissance supérieure à nous-mêmes pouvait nous rendre la raison.

*V*oici maintenant une idée pouvant faire passer directement à une autre Étape celui qui expérimente pièce à pièce. Les personnes qui pensent avoir besoin de travailler seulement les Étapes qu'elles croient s'appliquer à elles peuvent essayer de sauter tout simplement la Deuxième Étape.

Comment pouvons-nous retrouver la raison si nous ne l'avons pas perdue?

Nous pouvons rationaliser: *je n'ai jamais été dans une cellule matelassée, ni dans un hôpital psychiatrique, ni soigné par un psychiatre. Par conséquent, cette Étape ne s'applique pas à moi.* La Deuxième Étape est sans aucun doute une bonne Étape, mais seulement pour ceux qui ont perdu la raison.

Vous avez raison. La Deuxième Étape s'adresse aux personnes qui ont perdu la raison. Mais avant de nous exclure de cette catégorie, réexaminons si nous sommes vraiment rationnels.

Les premiers mots que nous avons toujours compris sur cette terre sont «Non, non», «Non non, bébé ne doit pas faire ça». Et que faisions-nous? Quelque chose de naturel comme baver, uriner ou aller à la selle. Il était admis que si on nous permettait de

faire ces choses comme les bébés le font tout naturellement, nous grandirions en bavant, urinant et
allant à la selle comme un bébé. On ne nous donnait
même pas la possibilité de découvrir des façons plus
agréables de fonctionner par nous-mêmes une fois
adultes.

Mais ce furent là les premiers «non, non» que
nous rencontrâmes au cours de notre développement
pour devenir des citoyens modèles. Très tôt nos pères
nous dirent «non, non» tout comme nos frères et nos
sœurs. Puis les voisins et les amis se joignirent à eux
pour nous dire quoi faire, suivis par nos professeurs
de catéchisme et de l'école publique, les membres du
clergé, les médecins et les policiers du quartier. Pendant toute notre enfance, tout le monde continuait à
dire *non* chaque fois que nous commencions à faire
quelque chose que nous voulions. Quand nous attei-
gnîmes la puberté, âge où il y avait encore plus de
choses qu'il était naturel de faire, non seulement on
nous disait «non, non», mais les adultes de notre
entourage se fâchaient contre nous.

«Tu es arrivé à maturité maintenant», criaient-
ils. «Nous ne devrions plus avoir à te dire *non*. Tu
dois apprendre à te dire *non*.»

C'est ainsi que nous avons été formés pour nous
refuser ce que nous désirons pendant toute notre vie.
Vous vous souvenez de la définition du succès? *Le
succès, c'est faire ce que vous voulez faire. L'échec,
c'est ne pas faire ce que vous voulez faire.* En nous
refusant continuellement ce que nous désirons, nous
pratiquons l'échec pendant toute notre vie. Est-ce un
comportement sain de pratiquer l'échec pendant
toute notre existence sur cette terre?

«Mais je ne fais que suivre les règles de la société», insistons-nous. «Les gens ne peuvent pas courir dans tous les sens en faisant ce qu'ils veulent. Cela serait l'anarchie.»

Et qui a établi les règles de la société? Dans la société occidentale, les règles sont soi-disant basées sur les dix commandements de Moïse. Mais il y a plus que dix règles. Les commandements que Moïse a descendus de la montagne pour faire bouger les gens qui n'auraient pas manqué de périr dans le désert furent amendés dès qu'ils arrivèrent à la terre promise. Le premier commandement à être amendé fut *Tu ne tueras point*. Il fut amendé quand les non-élus attaquèrent les élus. *Tu ne tueras point* fut transformé en *Tu ne tueras point excepté à la guerre. Alors tu tueras au nom de Dieu.*

Depuis lors, les dix commandements ont été l'objet de nombreuses modifications. Les bibliothè-ques de droit des nations judéo-chrétiennes sont plei-nes à craquer d'amendements apportés aux dix commandements. Probablement que les dix lois sim-ples que Dieu donna à Moïse ne suffisaient pas aux humains, qui s'empressèrent de les améliorer. Et ils n'ont pas cessé de les améliorer depuis. On passe chaque année de nouvelles lois par milliers dans tou-tes les nations du monde. Les nations qui ne sont pas judéo-chrétiennes modifient et augmentent leurs règles tous les ans, tout comme le font les nations qui amendent les dix commandements.

Cela ne constitue pas une mise en accusation des dix commandements, lesquels servent à une myriade de religions dont ils sont le fondement. Mais souve-nez-vous qu'il est suffisamment difficile de suivre les

Douze Étapes sans les confondre avec les dix commandements que l'humanité n'a jamais réussi à respecter.

Pour entreprendre la Deuxième Étape, nous devons d'abord avoir perdu la raison. Une définition de la déraison fournie par un dictionnaire est la suivante: *manifester un trouble mental ou être affligé d'un trouble mental.* Une définition légale de la déraison est: *être incapable de faire la différence entre le bien et le mal.* Il se peut que nous ne nous qualifions pas comme ayant perdu la raison si nous nous reportons au dictionnaire. Après tout, souffrons-nous réellement de troubles mentaux? Mais qu'en est-il de la définition légale de la déraison? Faisons-nous réellement la différence entre le bien et le mal?

«Bien sûr», sera probablement notre réponse immédiate. «N'importe quel idiot à qui l'on a enseigné depuis son enfance ce qui est bien et ce qui est mal devrait être capable de faire la différence.» Et quiconque peut faire la différence entre le bien et le mal devrait être capable de se conduire de façon responsable en ne faisant que ce qui est bien et en ne faisant pas ce qui est mal. Connaissez-vous quelqu'un qui agit de la sorte?

Alors qu'en est-il de la Première Étape? N'avons-nous pas appris dans la Première Étape que nous avions perdu la maîtrise de notre vie? Si nous faisons la différence entre le bien et le mal et s'il suffit de faire ce qui est bien et de ne pas faire ce qui est mal pour mener une vie exemplaire, alors pourquoi ne pouvons-nous pas contrôler notre vie?

La seule réponse logique semble être que nous avons perdu la maîtrise de notre vie parce que nous pensons savoir ce qui est bien et ce qui est mal.

Mais qu'en est-il des règles écrites par Dieu? Il y a des milliers d'années, un homme d'une intelligence hors du commun s'est réveillé un matin et a dit à son voisin: «Dieu est venu me voir la nuit dernière et m'a demandé de te dire quoi faire et quoi ne pas faire.»

«Vraiment?» répondit le voisin impressionné. «Tu veux dire que pour aller au paradis je n'ai qu'à faire ce que tu me diras de faire à partir de maintenant et à ne pas faire ce que tu me diras de ne pas faire?»

«C'est ce que Dieu m'a demandé de te dire», répondit l'homme qui devint roi de cette manière.

Cela fut un grand soulagement pour le voisin, parce que maintenant, pour progresser, il n'avait qu'à suivre les règles instituées par le roi au nom de Dieu.

Mais le roi devint vieux et convoqua son fils pour lui parler. «Mon fils», dit-il, «je vais bientôt mourir. Depuis ma première conversation avec Dieu, j'ai accumulé beaucoup de biens immobiliers, une grosse fortune et j'ai exercé beaucoup de pouvoir sur les gens. J'ai conservé tout ceci simplement en transmettant les règles de Dieu. Quand je mourrai, tu devras faire comme moi.»

«Mais, père», répondit le fils, «comment pourrais-je faire ça si Dieu ne me parle pas comme il t'a parlé?»

«Fils», dit le roi, «tu ferais bien de commencer à parler à Dieu si tu ne veux pas que le peuple te prenne ces biens immobiliers, cette richesse et ce pouvoir. Il pourrait même te tuer.»

Depuis ce jour, chaque roi qui succéda au trône transmit la parole de Dieu et continua à agrandir son royaume jusqu'au jour où des intellectuels rebelles s'y opposèrent.

«Je ne pense pas qu'il ait des conversations avec Dieu», déclara un rebelle.

«Moi non plus», acquiesça un autre rebelle. «Tuons le roi.»

Ainsi fut fait et devinez qui remplaça le roi pour transmettre les règles de Dieu? Cinquante et un pour cent des électeurs? Peut-être qu'est déraisonnable quiconque pourrait le croire.

Nous pouvons douter que Dieu n'ait jamais demandé à une personne de dire à une autre personne quoi faire ou ne pas faire. Mais, peut-être vous dira-t-Il quoi faire avec votre vie si vous arrêtez d'écouter les souverains mortels et si vous L'écoutez.

Les civilisations du monde sont dirigées conformément aux règles mises au point par les humains et appliquées au nom de Dieu ou au nom du peuple. Ce système fonctionne-t-il bien?

Nous ferons preuve de raison en suivant les règles, seulement si elles sont justes. D'après ces règles, nous ne pouvons dire la différence entre le bien et le mal que si la société qui les a créées connaît la différence entre le bien et le mal. Si la société est dirigée d'après des principes qui sont justes en ce qui concerne le bien et le mal, alors qu'observe-t-on?

Nous vivons dans une société qui a vu, au cours de ce siècle, des millions de personnes massacrées dans des guerres, des millions gazées et incinérées pour *purifier la race humaine*, des millions victimes de discrimination pour raison de race ou de religion et des millions frappées par le cancer et des maladies respiratoires pour avoir inhalé l'air pollué par la science et l'industrie. Nous voyons des paix fragiles maintenues uniquement parce que les grandes puissances du monde ont des missiles nucléaires qui, lorsque nous les utiliserons, pourront réduire en cendres tous les êtres vivants de cette planète. Nous vivons dans une société si restrictive que l'on nous apprend à boire, fumer, ingérer ou nous injecter des substances chimiques ou des drogues qui modifient l'humeur afin de connaître une liberté temporaire pour faire les choses que *nous voulons faire* au lieu de faire ce que les dirigeants *nous disent de faire.* Nous sommes les produits d'un monde dans lequel il est considéré *normal* de prendre de l'alcool ou des drogues pour modifier notre humeur et *anormal* de ne pas le faire.

Si le monde n'a pas perdu la raison, pourquoi ne fonctionne-t-il pas mieux? Manifestement, le monde dans lequel nous vivons est fou. Il travaille du chapeau et quiconque espère retrouver la raison doit être prêt à devenir membre d'une très petite minorité. La plus grande partie de l'humanité est devenue aussi folle que la société à laquelle on nous exerce à nous conformer dès la naissance.

Pour obéir à toutes les règles d'un système où un milliard de personnes ont faim et où des millions de personnes meurent de faim alors qu'un autre milliard trouvent normal de dépenser cinquante dollars pour souper à deux, il faut certainement ne pas avoir toute sa raison. Ceux d'entre nous qui espèrent retrouver la raison en suivant les Douze Étapes feraient bien de se préparer à accepter que le monde ne fonctionne pas comme il devrait. Il est évident que la société est en plein délire. Étant donné que nous avons été les produits de ce système lunatique, nous sommes aussi timbrés que le monde dans lequel nous nous démenons.

Vu que tout au long de notre vie nous avons fait tout ce que nous pouvions pour nous comporter comme nos voisins fous, avons-nous jamais eu toute notre raison? En venir à *croire qu'une Puissance supérieure à nous-mêmes* pouvait nous rendre la raison présuppose qu'*à un moment nous avons eu toute notre raison*.

Mais, quand? Cela doit être avant que nous ayons été exercés à croire que responsabilité et maturité signifient dire régulièrement et consciencieusement *non* à nous-mêmes. Cela doit être après avoir quitté le ventre de notre mère, mais avant qu'elle n'ait commencé à dire «non, non bébé» pour nous empêcher de faire des choses tout à fait naturelles. Cela doit être quand nous étions encore tels qu'une Puissance supérieure nous avait créés, mais avant que l'Homme ne se soit emparé de nous pour nous transformer selon le modèle imposé par une société qui, comme n'importe quel idiot peut le voir, n'a jamais très bien fonctionné.

En d'autres termes, nous avions toute notre raison en naissant, mais nous ne l'avons pas gardée longtemps. Nos parents voulaient bien faire quand ils nous transformaient avec l'aide de tous ces professeurs, prédicateurs et législateurs en autre chose que ce que notre Créateur voulait quand Il nous a créés. Nous avons eu peur de regarder des étrangers dans les yeux pendant plus d'une ou deux secondes avant de détourner la tête. Nous avons eu peur de sourire aux gens, à moins qu'ils nous aient été présentés. Nous évitions de nous asseoir à côté de gens sympathiques dans l'autobus si nous pouvions trouver deux sièges vides côte à côte. Pour socialiser avec les gens, nous avions besoin de fumer ou de boire quelque chose *pour briser la glace*. Il nous était impossible de nous comporter librement et de faire ce que nous voulions faire au lieu de ce que nous devions faire, sans nous tourner vers une *puissance supérieure* qui avait la forme d'un joint ou d'une bouteille. La vérité la plus pénible est que nous buvions ou consommions des drogues pour échapper aux restrictions anormales que nous imposait une société soi-disant libre. Sans la raison temporaire que leur apportait un verre d'apéritif, ou d'autres substances artificielles, la plupart d'entre nous n'auraient jamais appris à être humains. Certains d'entre nous ont fui en mangeant trop, ce qui leur donnait un faux sentiment de sécurité. D'autres sont devenus névrosés, se sont apitoyés sur eux-mêmes, sont devenus rebelles ou se sont résignés à la médiocrité, entourés de masses qui avaient subi le même conditionnement, lequel anéantissait tous les instincts naturels et leur permettait de continuer à se cacher en toute sécurité lorsque survenait une situation menaçante. Beaucoup ont développé un comportement sexuel compulsif, échappant, pendant les quelques secondes que dure un orgasme, au malaise qu'ils ressentent en respectant les règles établies par des fous.

Nous avons tous cherché à sublimer notre agitation malheureuse dans des puissances supérieures à nous-mêmes comme la nourriture, la sexualité, les drogues, la boisson, l'apitoiement sur soi, l'agression, le crime, le mariage, l'école, le jeu, la religion, la musique, les distractions, le sommeil, les affaires, ou simplement en nous cachant dans l'espoir de fuir tout ce qui nous dérange et nous fait souffrir. Certains se sont même réfugiés dans des hôpitaux psychiatriques ou dans le suicide *pour échapper à tout ça*.

L'idée de nous tourner vers une Puissance supérieure à nous-mêmes afin de trouver le bien-être et la liberté n'est pas nouvelle. Mais le concept selon lequel nous essayons de recourir à ces moyens d'évasion temporaires pour retrouver de brèves périodes de raison est nouveau. Il n'est pas très difficile de croire que nous cherchons à devenir, pour un moment, des êtres humains détendus, amicaux et sûrs d'eux comme le voulait notre Créateur. Le problème est que nous cherchons la raison dans une bouteille ou un steak accompagné d'une montagne de purée, ou dans une dépendance envers des personnes qui ne nous apportent aucune sécurité, ou dans les drogues ou l'oubli, ou encore dans d'autres puissances supérieures à nous-mêmes et éphémères, au lieu de nous tourner vers la Puissance supérieure qui est à notre portée.

Qu'il me suffise de dire que nous devons être convaincus qu'aucun effort de notre part, aussi grand soit-il, ne nous rendra à notre état naturel. La conclusion logique est donc que seule une Puissance supérieure à nous-mêmes pourra nous donner un autre départ pour que nous ne soyons pas affectés par le conditionnement contre nature d'un monde fou, fou.

Seule la Puissance qui créa le nourrisson baveux et braillard pourrait nous faire retrouver, à l'âge adulte, l'état de conscience d'un nouveau-né qui n'a pas encore appris comme premier mot *non*. Seul notre Créateur, ou la Nature, ou l'Univers, ou n'importe quelle Puissance supérieure en laquelle nous pouvons croire pourrait nous redonner la raison.

Il n'est pas nécessaire que nous le sachions. Il suffit que nous le croyions. Si nous avons encore de la difficulté à accepter que nous avons perdu la raison, examinons notre comportement depuis que nous avons pensé avoir fait la Première Étape. Avons-nous réellement admis que nous étions impuissants et que nous avions perdu la maîtrise de notre vie? Si oui, essayons-nous encore de contrôler notre propre vie, même si nous savons que nous sommes impuissants et que nous avons perdu la maîtrise de notre vie? Si nous sommes impuissants et si nous avons perdu la maîtrise de notre vie, et si nous essayons néanmoins de contrôler notre vie, nous ne faisons que continuer jour après jour, mois après mois, à faire quelque

chose que nous savons impossible. Quiconque continue indéfiniment à essayer de faire ce qu'il sait pertinemment être incapable de faire a, par définition,
perdu la raison.

Être prêt à arrêter d'essayer l'impossible est un
pas vers la raison. Et étant donné que nous savons
que nous sommes impuissants, il doit exister une
Puissance supérieure à notre impuissance. En nous
associant à d'autres personnes qui ont entrepris les
Douze Étapes, nous verrons de nombreux exemples
de la manière dont leur Puissance supérieure leur a
fait retrouver la raison. Nous devons conclure que
notre propre Puissance supérieure peut faire la
même chose pour nous.

Quand nous réalisons enfin que nous avons perdu
la raison, tout comme la société qui nous a détournés
du but de notre vie, et quand nous parvenons à croire
qu'il doit exister une Puissance supérieure capable
de nous redonner la raison, la Deuxième Étape nous
prendra en charge comme l'a fait la Première Étape.
Quand cela se produit, nous avons la foi nécessaire
pour tourner une autre page et essayer la Troisième
Étape.

Troisième Étape

Nous avons décidé de confier notre volonté et notre vie aux soins de Dieu tel que nous Le concevions.

*N*otre volonté c'est ce que nous pensons, notre pouvoir de raisonner, d'apprendre, de prendre des décisions, d'acquérir de l'expérience. Notre volonté, c'est notre conscience. Notre vie est notre capacité de respirer, toucher, goûter, sentir et exister. Notre volonté et notre vie réunies sont tout ce que nous sommes. Sans elles, nous ne sommes rien. Nous n'existons pas.

La Troisième Étape suggère que nous confiions tout ce que nous sommes, notre existence même, aux soins d'un Dieu que nous ne comprenons probablement pas du tout. Il se peut que nous ne soyons même pas sûrs qu'un Dieu existe; cependant cette Étape suggère que nous confiions notre volonté et notre vie à cette Puissance inconnue et peut-être inexistante.

Incroyable!

Voici quelque chose à méditer, et il se peut que nous le méditions longtemps avant de pouvoir le faire. Tout d'abord, la plupart d'entre nous ont appris à prier Dieu, pour Lui demander aide ou conseils afin que nous puissions contrôler notre vie. On nous a enseigné à faire de Dieu un serviteur et à Lui demander de nous aider à atteindre nos objectifs et à faire des choses que nous avons décidé de faire avant de Lui demander de l'aide. C'est tout à fait autre chose que Lui confier chaque fibre de notre être et notre essence pour qu'Il en fasse ce qu'Il veut, sans même consulter nos désirs. On nous a enseigné à prier pour les gens, les endroits et les choses, et non à nous en remettre entièrement à une Puissance inconnue et à miser sur ce que nous deviendrons.

C'est presque un ordre pour ceux d'entre nous qui ont appris depuis la naissance à s'agenouiller et à préciser très exactement ce qu'ils veulent que Dieu fasse pour eux. On nous demande de nous soumettre à la magie blanche. Mais la seule expérience que nous avons eue dans le passé est avec la magie noire. La magie noire utilise une puissance surnaturelle pour nous aider à accomplir ce que nous avons déjà décidé d'accomplir. La magie blanche est exactement le contraire... nous en remettre au Surnaturel et Lui permettre de prendre en charge, contrôler et diriger chacun de nos actes.

La magie noire, en faisant de Dieu un serviteur, cesse d'être surnaturelle et devient surhumaine. Le pouvoir surhumain est de la magie noire, peu importe comment on l'utilise. Les personnes qui pratiquent la magie noire croient généralement qu'elles pratiquent la magie blanche. Elles la rationalisent en disant, *je ne prie que pour des objectifs positifs* ou *je ne prie que pour les autres, jamais pour mon propre intérêt.* Néanmoins, la personne qui pratique la magie noire malgré elle dit à Dieu quoi faire à la place de laisser Dieu lui dire quoi faire.

La magie blanche laisse Dieu maître de la situation. La Troisième Étape suggère que nous confiions notre volonté et notre vie aux soins de Dieu, que nous Le comprenions ou pas, et que nous Le laissions diriger notre vie, sans restriction.

Au début, nous sommes seulement disposés à confier nos problèmes à Dieu. Et il se peut que nous soyons déterminés à le faire seulement quand nous jugerons que nous avons d'abord fait tout ce que nous pouvions pour résoudre le problème. «Dieu veut que nous fassions des efforts», dirons-nous pour défendre les vieilles idées avec lesquelles nous avons été programmés longtemps avant d'entendre parler des Douze Étapes qui nous mèneront au succès et au bonheur. «Dieu nous a donné l'intelligence, le talent, la force et la volonté pour résoudre nos problèmes, et nous devons épuiser ces ressources que nous a fournies Dieu avant de pouvoir Lui confier nos problèmes.»

Et cela marchera comme ça pendant quelque temps. Nous pouvons régler chaque problème comme un ballon de basket dans la main d'un joueur. Ce n'est qu'après avoir fait tout ce qu'il pouvait avec le ballon, et quand tous les autres joueurs le coincent, qu'il peut envoyer le ballon par-dessus leurs têtes. «O.K., mon Vieux! À toi!» crie-t-il en lançant le ballon. Même s'il n'a pas de Vieux sur le terrain, le joueur sera débarrassé du ballon. Nous pouvons donc régler nos problèmes pour un moment. Nous pouvons nous mettre au travail et faire tout notre possible pour résoudre nos problèmes et ensuite, pas avant, les confier à un Dieu éphémère.

Même un athée peut le faire. Peu importe si le Vieux est quelque part sur le terrain ou non. Une fois que le joueur a passé le ballon, il n'a plus le problème. Cela devient le problème du Vieux, qu'il y ait un Vieux ou non. Tout ce que le joueur a à faire pour se débarrasser du ballon est de courir la chance qu'*il y ait un Vieux*. Mais Vieux ou pas, le ballon n'est plus le problème du joueur.

Ceux qui ont *réglé* leurs problèmes de cette façon, un problème à la fois, font l'expérience d'un des petits miracles des Douze Étapes. Quand ils confient enfin leurs problèmes à Dieu, même si c'est uniquement parce qu'ils ont épuisé leurs propres capacités, les problèmes semblent disparaître, jusqu'à ce qu'ils soient résolus ou non. Le miracle est que ceux qui entreprennent la Troisième Étape n'ont plus à se soucier des problèmes qu'ils ont enfin confiés à Dieu. Ils laissent Dieu s'en soucier. Ils commencent à dormir la nuit. Ils commencent à se réveiller plus détendus le matin et à se sentir mieux tout le temps. Mais ils sont encore prêts à dire ce qu'ils voudraient que Dieu fasse pour eux. Ils ne Lui ont pas encore confié entièrement leurs vies, le bon comme le mauvais. Ils n'ont fait que Lui confier leurs problèmes.

Une fois que Dieu a pris en charge suffisamment de problèmes pour prouver même aux sceptiques qu'Il existe, une chose étrange se produit. Cela arrête de fonctionner. C'est comme si le joueur de basket avait plus de difficulté à se débarrasser du ballon. *Eh, Vieux*, hurle-t-il. *Attrape!* Il essaie de lancer le ballon, mais celui-ci reste collé à ses doigts.

Après un moment, le joueur, qui pense qu'il met en pratique la Troisième Étape en confiant seulement un problème à la fois à Dieu, découvre que Dieu n'accepte plus les problèmes. C'est presque comme si Dieu disait: «Bien. Maintenant que tu sais que Je suis ici, pourquoi ne continues-tu pas et n'entreprends-tu pas la Troisième Étape? Confie-Moi ta volonté et ta vie, tout ce que tu es, et accepte ce qui arrivera comme étant la volonté de Dieu. Le temps où tu Me confiais seulement les problèmes après avoir fait tout ce que tu pouvais pour les réduire à néant est terminé. Continue avec la Troisième Étape. Je veux tout.»

Mais c'est encore presque un ordre. De toute évidence, Dieu n'est pas un joueur de basket invisible quelque part sur le terrain. Même s'il était si facile de L'identifier, serait-il plus facile de Lui confier notre volonté et notre vie? Si nous sommes agnostiques, il se peut que nous demandions «Qu'est-ce que Dieu?» «Comment est-ce que je peux confier tout mon être et mon avenir à une Puissance que je ne comprends pas et que je ne suis même pas sûr qu'Elle existe?» Eh bien, personne n'a dit que cela n'exigerait pas que nous misions sur l'Inconnu. Personne ne sait ce qu'est Dieu ou qui est Dieu. Quand vous rencontrez quelqu'un qui prétend savoir ce qu'est Dieu, ou ce que Dieu veut que vous fassiez ou que vous ne fassiez pas, méfiez-vous. Vous êtes devant un assoiffé de pouvoir et un menteur.

Les Douze Étapes n'expliquent pas Dieu ou n'essaient pas de vous duper en vous demandant de vous comporter comme n'importe quel autre humain croit que Dieu le veut. Les Douze Étapes ne sont pas un programme religieux, mais des chrétiens, des juifs, des bouddhistes, des taoïstes, des confucianistes, des musulmans, des humanistes, des agnostiques ou des athées peuvent les suivre à condition qu'ils soient prêts à remettre en question leurs vieilles croyances et à découvrir qu'elles ne sont peut-être pas vraies. Les Douze Étapes sont un programme spirituel. La Troisième Étape est une occasion de laisser un Esprit supérieur au nôtre prendre en charge le reste de notre vie.

Il n'est pas nécessaire de comprendre une Puissance supérieure pour la laisser prendre notre place. Il suffit seulement de croire qu'Elle peut agir de la sorte pour notre bien-être. Si nous ne le croyons pas, nous essayons d'avancer trop vite dans le programme. La Deuxième Étape consistait à en venir à *croire qu'une Puissance supérieure à nous-mêmes pouvait nous rendre la raison.* Si nous ne le croyons pas suffisamment pour courir notre chance avec Elle, c'est que nous n'avons pas encore fait la Deuxième Étape et que nous devons la refaire.

Il est impossible d'entreprendre la Troisième Étape si nous ne croyons pas qu'*une Puissance supérieure à nous-mêmes peut nous rendre la raison.* Si nous avons encore de la difficulté avec la Troisième Étape, c'est probablement parce que nous n'avons pas réellement entrepris la Deuxième Étape.

Ou bien est-ce parce que nous avons peur que Dieu ne change chez nous des choses que nous aimons si nous Le laissons prendre la relève? Peut-être avons-nous peur que certains des puritains ou des bigots n'aient raison dans ce qu'ils pensent que Dieu veut que nous fassions ou ne fassions pas. Nous

ne voulons pas être un puritain ou un bigot et nous
avons peur que Dieu ne nous transforme en snob
rigide si nous Lui confions notre vie. Même si nous
avons été formés pour adorer les saints, il y a des
choses que nous n'aimons pas chez eux et qui font
que nous ne voulons pas être des saints.

La confusion à propos de la sexualité peut nous
empêcher d'entreprendre la Troisième Étape. Il se
peut que nous ayons peur qu'en donnant à Dieu la
permission de faire Sa volonté à notre sujet, il
change nos attitudes en ce qui concerne la sexualité.
Peut-être craignons-nous que des restrictions puri-
taines, auxquelles nous ne croyons plus, soient la
manière de voir de Dieu. Peut-être aimons-nous tellement la liberté sexuelle acquise que nous avons
peur que Dieu ne détruise toute notre vie sexuelle si
nous Le laissons faire. Cela pourrait être un obstacle
important qui nous empêcherait d'entreprendre la
Troisième Étape. Dieu détruira-t-Il notre appétit
sexuel si nous Lui confions notre volonté et notre
vie?

Nous devrons courir le risque. Si nous voulons
connaître le bonheur et le succès que des millions de
personnes ont trouvés en suivant les Douze Étapes,
*nous devons être prêts à ne reculer devant rien pour y
parvenir.* Les Douze Étapes n'ont encore transformé
personne en saint. *Il n'y a pas de saints dans ce programme.* Ceux qui ont entrepris la Troisième Étape
ne rapportent pas avoir perdu leur appétit sexuel. Au
contraire, il y a des témoignages innombrables selon
lesquels la capacité sexuelle et le bonheur sexuel ont
miraculeusement augmenté chez les personnes qui
ont suivi les Douze Étapes dans leur intégralité.

Il nous suffit de dire: «Très bien, je vais courir le risque.» Et cela aide de le dire à voix haute. Nous pouvons regarder dans la direction vers laquelle nous pensons que Dieu se trouve et crier: «Prenez ma volonté et ma vie et faites ce que Vous pouvez de moi! Je les confie à Vos soins sans restriction!» Nous pouvons aussi dire ce que nous craignons le plus et Lui laisser le soin de choisir et diriger notre avenir pour toujours, comme Il le voudra. «Dorénavant», pouvons-nous crier, «je ferai tout ce que Vous direz! Je suis à Vous!»

Ne vous attendez pas à voir un éclair ou à sentir la terre trembler. Mais, vous pouvez au moins vous attendre à ce qu'un calme étrange suive votre engagement. Vous pouvez avoir l'impression que vos épaules sont soulagées d'un poids. Cela peut se produire immédiatement ou graduellement, en un jour ou deux, au fur et à mesure que votre conscience commence à reconnaître qu'une Puissance supérieure semble en effet prendre la relève quand vous La laissez faire.

Mais nous avons été exercés pendant très longtemps à faire tout nous-mêmes. Cela serait très facile de reprendre notre volonté et notre vie que nous avons confiées aux soins de Dieu, sauf si nous sommes déterminés à ne pas le faire. Une bonne façon de nous en empêcher consiste à répéter notre engagement chaque matin, un jour à la fois, pendant peut-être mille matins. «Dieu, je suis à Vous», pouvez-vous répéter en utilisant vos propres mots. «J'accepterai tout ce que Vous ferez de moi aujourd'hui.»

Au début, il sera difficile de ne pas comparer tous les jours ce qui vous arrive avec ce que vous auriez planifié si vous étiez encore responsable. Et de temps en temps, il se peut que vous n'aimiez pas la manière dont les choses semblent aller. Mais si vous vous souvenez de votre promesse d'accepter tout ce qui vous arrivera par la volonté de Dieu, vous commencerez à remarquer quelque chose de merveilleux. Il semble y avoir un plan. Les choses qui vous paraissaient désagréables au début semblent toujours conduire vers quelque chose de bon. Cela se produit si souvent que vous commencez à le prévoir. Au bout d'un moment, quand les choses semblent aller mal, comme vous ne l'auriez jamais voulu, vous commencez à vous inquiéter, «Vers quoi cela est-il supposé mener?»

Confier notre volonté et notre vie aux soins de Dieu tel que nous Le concevons ne conduit pas à un état permanent d'euphorie. Mais maintenant, Dieu semble nous donner tout ce dont nous avons besoin. Il nous donne toute la joie et la tristesse dont nous avons besoin, les problèmes et les solutions dont nous avons besoin, ainsi que les réussites et les échecs dont nous avons besoin.

Nous avons encore des moments de dépression, mais ils semblent toujours suivis de hauts. Nous pouvons espérer connaître un état de sérénité permanent, pour lequel nous avons prié dans la prière de saint François d'Assise, mais nous ne connaîtrons jamais un état de sérénité permanent avant d'être prêts à être enterrés. Il n'existe pas de sérénité qui dure toute une vie si nous acceptons les aventures, les émotions et les extases que nous offre Dieu.

Et si nous continuons, pendant mille jours, à confier notre volonté et notre vie aux soins de Dieu, cela deviendra une habitude. Et cette habitude sera aussi forte que celle que nous avions autrefois d'essayer de tout contrôler nous-mêmes.

Vous découvrirez sans aucun doute qu'en remettant votre volonté entre les mains de Dieu, vous n'êtes pas devenu une espèce de légume qui attend que quelque chose se passe. En réalité, vous deviendrez plus actif que jamais. Vous n'aurez plus besoin de perdre du temps à planifier des objectifs et vous aurez plus de temps et d'énergie pour réussir.

Quand vous ne chercherez plus à contrôler votre vie, vos amis vous complimenteront sur la manière dont vous semblez la contrôler sans aucune difficulté. Quand vous arrêterez d'essayer de respecter une autodiscipline sévère, les gens commenceront à admirer la discipline que vous semblez avoir. Cependant, si vous leur confessez que vous n'essayez plus de contrôler votre vie, que vous ne vous fixez plus de buts ou que vous ne respectez plus d'autodiscipline, ils penseront que vous plaisantez. En réalité, vous aurez été remplacé par un meilleur gestionnaire que vous et on vous donnera le crédit de Sa maîtrise. Vous saurez, en votre for intérieur, que vous n'êtes plus responsable, que vous n'avez plus à vous blâmer pour des erreurs évidentes et que vous ne pouvez pas vraiment accepter le crédit pour les succès vers lesquels Dieu vous conduit.

Connaître le succès, c'est faire ce que vous voulez faire. Un jour, après avoir confié votre volonté aux soins de Dieu, vous aurez confiance et vous comprendrez que vos désirs sont créés par Lui d'après votre volonté et nulle part ailleurs. Cela signifie que vous pouvez avoir confiance en votre volonté et faire ce qu'elle veut que vous fassiez. Si tel n'est pas le cas, c'est que vous ne Lui aurez pas vraiment confié votre volonté. C'est la meilleure excuse. Rien de plus. Une glorieuse excuse. Désormais, après avoir confié votre volonté aux soins de Dieu, vous pouvez y croire et faire ce que vous voulez faire, un jour à la fois, pour le reste de votre vie. Ce n'est pas une mauvaise façon de vivre.

Je voudrais vous parler brièvement d'un certain mot. Ce mot est *décider.* Nous le trouvons dans la première partie de la Troisième Étape. *Nous avons décidé* de confier notre volonté et notre vie aux soins de Dieu tel que nous Le concevions.

Certaines personnes expliqueront, en s'appuyant sur la logique, que cela signifie que nous ne devons pas vraiment confier notre volonté et notre vie aux soins de Dieu à ce moment-là. Nous devons seulement décider de le faire. Nous pouvons donc remettre à une date ultérieure l'exécution de cette décision. C'est bien évidemment absurde. C'est la manifestation d'un instinct pour lequel nous avons été conditionnés dans notre ancien mode de vie, époque à laquelle nous nous fixions des buts et nous essayions de contrôler notre vie pour les atteindre.

Si nous pensons que nous prenons la décision de faire quelque chose, pas maintenant mais plus tard, nous ne faisons en réalité que décider de le remettre à plus tard. Cela revient à décider de ne pas faire quelque chose. Cela n'est pas ce que nous demande la Troisième Étape.

La Troisième Étape consiste à décider de le faire. Quand nous décidons de faire quelque chose, nous le faisons, nous ne le remettons pas à plus tard. Donc, quand vous décidez de confier votre volonté et votre vie aux soins de Dieu, c'est exactement ce que vous allez faire. La seule preuve que vous ayez décidé de le faire, plutôt que de tout remettre à plus tard, consiste à réellement le faire. La décision mène à l'action. Êtes-vous prêts? Allez-y si tel est le cas. Demandez à Dieu de prendre soin de votre volonté et de votre vie. Demandez à Dieu tel que vous Le concevez, que vous le compreniez ou pas. Prenez le risque.

Avez-vous confié votre volonté et votre vie aux soins de Dieu tel que vous Le concevez? Si oui, vous êtes prêt pour travailler la Quatrième Étape.

Quatrième Étape

*Nous avons courageusement procédé
à un inventaire moral, minutieux
de nous-mêmes.*

Voici une étape qui avant tout peut paraître amusante. Il nous y est demandé d'examiner notre propre vie. Qu'est-ce qui pourrait être plus fascinant pour une personne moyenne?

Notre premier instinct, qui peut persister long-temps, est de regarder en arrière et d'essayer de nous rappeler toutes les choses vilaines et ignobles que nous avons commises dans le passé. La plupart de ces moments, pendant lesquels nous nous rappelons notre passé, seront très amusants. Beaucoup de choses que nous avons faites, en dépit de notre édu-cation qui nous l'interdisait, étaient amusantes. Mais, en nous remémorant notre passé, nous trouve-rons ici et là des choses dont nous avons honte, de mauvaises actions qui nous font encore nous sentir coupables. Et en déterrant des squelettes que nous avions enfouis dans nos placards, il se peut que la honte et le remords ressurgissent. Certains incidents de notre passé peuvent nous dégoûter de nous-mêmes et nous faire ressentir une répulsion pour nous-mêmes. Certains de ces épisodes très déplai-sants, enfouis dans notre passé, peuvent être suffi-samment affreux pour que nous ayons peur de les faire revivre.

Par conséquent, il se peut qu'il ne soit pas aussi amusant que nous le pensions à première vue de fouiller dans notre passé. Ce n'est pas amusant de nous faire sentir coupables. Souvent, nous remettrons à plus tard ce travail et résisterons à mettre en plein jour ces sombres épisodes de notre passé. La peur de ce que nous pourrions trouver d'autre dans les recoins secrets de notre passé peut nous effrayer d'entreprendre la Quatrième Étape. Il se peut que nous déclarions, en nous appuyant sur la logique, qu'il serait mieux de passer à la Cinquième Étape et d'*avouer à Dieu et à un autre être humain la nature exacte de nos torts.*

Mais comment pouvons-nous avouer à quelqu'un d'autre quelque chose que nous ne pouvons pas avouer à nous-mêmes? Que nous le voulions ou non, il semble que nous n'ayons pas d'autre choix que d'entreprendre la Quatrième Étape avant de pouvoir continuer les Douze Étapes.

Alors pourquoi est-il si difficile de procéder *courageusement* à un inventaire moral, *minutieux*? Peut-être qu'un dictionnaire nous dira pourquoi il est si difficile d'exécuter cette Étape. Le *American Heritage Dictionary* ˙définit le terme *courageusement* comme *un état dans lequel la conscience ou l'attente d'un danger n'engendrent pas d'inquiétude ou de trouble,* ou encore comme *ne pas avoir peur de quelque chose.* N'est-ce pas étrange? Nous pensions probablement que procéder *courageusement* à un inventaire moral de nous-mêmes signifiait rechercher bravement notre passé et raconter les mauvaises actions que nous avons commises. Cependant dans aucun dictionnaire au monde *courageusement* ne veut dire être brave. *Courageusement* veut dire *sans peur*. Nous n'avons pas besoin d'être braves si nous n'avons pas peur.

Alors comment pouvons-nous fouiller dans un passé dont nous avons peur, réveiller des sentiments de culpabilité qui nous effraient et ne pas avoir peur? La réponse est que c'est impossible. Aussi longtemps que notre inventaire renferme des choses qui nous font peur, nous ne pouvons pas procéder à un *inventaire courageux*. Cette définition est à répéter: **courageusement** veut dire **sans peur**. Un inventaire qui nous fait peur ne peut pas être courageux. C'est un inventaire avec peur. Nous pouvons accepter bravement toutes les histoires que nous voulons, mais aucune ne sera un inventaire moral *courageux*.

Qu'est-ce qui nous fait peur dans notre inventaire? Il peut y avoir dans notre passé quelque chose qui nous fait nous sentir coupables, probablement parce que nous sommes coupables, et par conséquent nous avons peur de confronter notre culpabilité. Ce qui nous fait réellement peur, c'est que ce qui nous a fait commettre ces actes coupables dans le passé pourrait également nous faire commettre des actes coupables dans le futur. Les Douze Étapes nous font faire un pas en avant qui nous permettra de supprimer la culpabilité que nous avons conservée face à ces mauvaises actions passées.

La chose importante que nous devons apprendre en entreprenant cette Quatrième Étape est la suivante: le passé n'existe plus. Seul le présent existe, ce qui signifie que le futur n'existe pas encore non plus.

Peut-être devrions-nous consulter de nouveau le dictionnaire. Regardons le mot *inventaire* et voyons si comprendre la véritable signification de ce mot nous aidera à procéder à un inventaire où il n'y aura pas de peur. D'après le *American Heritage Dictionary*, un inventaire est une *liste détaillée de choses, en particulier un état périodique des biens et matériaux en stock*. Le même dictionnaire dit qu'une histoire est *la narration d'événements ou un rapport chronologique d'événements*.

En déterrant des mauvaises actions très déplaisantes que nous avons commises dans notre passé, procédons-nous à un inventaire ou racontons-nous une histoire? Nulle part dans la définition de l'inventaire il n'est fait mention d'une histoire; et dans la signification du mot *histoire,* on n'utilise pas non plus le mot *inventaire*. De toute évidence, *un inventaire n'est pas une histoire.* Quand un magasin dresse un inventaire, il ne compte pas ce que l'on avait l'habitude d'y vendre, mais seulement ce qui est actuellement en stock. Peut-être que si nous procédons à un inventaire de nous-mêmes plutôt qu'à une histoire, nous ne trouverons rien dont nous aurons à avoir peur. Ce n'est qu'alors que cela pourra être un *inventaire courageux.*

De toute évidence, au lieu de chercher dans notre passé des choses qui ne font plus partie de notre inventaire, nous devrions plutôt essayer de voir ce qu'il renferme maintenant. Nous devons compter ce qu'il y a en stock à ce moment précis et non ce qu'il y avait dans le passé. Que trouvons-nous dans notre inventaire? Les qualités à chercher sont la fierté et la fausse fierté, la générosité et l'égoïsme, la compassion et l'apitoiement sur soi, la haine et l'amour, la colère et la paix, le souci et la paresse, la gentillesse et la méchanceté, ainsi que tous les autres aspects positifs et négatifs que nous pouvons trouver dans notre propre vie actuelle.

Nous devons regarder le bon comme le mauvais. Si nous devions seulement compter le mauvais qui est en nous, nous dresserions un inventaire immoral plutôt qu'un inventaire moral. La Quatrième Étape nous donne une chance de prendre du recul et de regarder nos côtés positifs et nos côtés négatifs. Chacun de nous a des normes différentes en ce qui concerne le bon et le mauvais. Une personne peut inscrire des qualités comme négatives dans son inventaire qu'une autre personne inscrira comme positives.

Afin de dresser un inventaire minutieux, vous devriez l'écrire sur une feuille de papier. L'esprit est comme la mémoire d'un ordinateur. Il suffit de prendre un stylo dans la main et de commencer à écrire pour mettre l'ordinateur en marche. Ce qui sortira sur le papier pourra vous stupéfier. Vous découvrirez de grandes vérités, à la fois agréables et effrayantes, que vous n'auriez jamais pensé connaître à votre sujet. Mais si vous y trouvez quelque chose d'effrayant, vous faites simplement un inventaire. Et si vous avez peur, vous ne pouvez pas terminer la Quatrième Étape.

Alors, comment chassons-nous la peur de notre inventaire? Nous sommes comme un responsable des achats dans un magasin qui craint de ne pas avoir approvisionné son rayon correctement. Il a peur de l'inventaire, car cela montrera qu'il est incapable de remplir sa responsabilité vis-à-vis du magasin. Mais que se passe-t-il si l'acheteur laisse un de ses supérieurs choisir les marchandises pour approvisionner son rayon? Quand vient le moment de l'inventaire, ce n'est plus la responsabilité de l'acheteur. C'est la responsabilité du chef de l'acheteur. L'acheteur ne peut être blâmé et ne peut se blâmer pour ce que le chef a mis dans l'inventaire. Il n'a rien à craindre.

Ainsi, si nous devons procéder *sans crainte* à un inventaire moral de nous-mêmes, nous ferions mieux de laisser quelqu'un d'autre approvisionner le magasin. Ce quelqu'un est Dieu, puissiez-vous Le trouver maintenant. Si vous ne L'avez pas trouvé, cela signifie simplement que vous n'avez pas réellement entrepris l'Étape précédente. Dans la Troisième Étape, vous étiez supposé confier votre volonté et votre vie, c'est-à-dire tout ce que vous êtes, aux soins de Dieu. Si vous avez encore peur, c'est que vous ne l'avez pas fait. Faites-le maintenant. Confiez votre volonté aux soins de Dieu, même si vous ne Le comprenez pas. Prenez le risque. Misez sur le fait que votre volonté est entièrement entre les mains d'une Puissance supérieure, laquelle est responsable de tout, de chacune de vos pensées et de chacun de vos désirs. Si vous pouvez admettre que votre volonté est entre les mains de Dieu, vous devriez être capable d'avoir confiance. Vous pouvez tout au moins miser dessus et prendre le risque de ne plus être responsable de votre inventaire. Si vous ne pouvez pas prendre ce risque, c'est que vous n'avez pas réellement fait l'Étape précédente.

Allez-y. Une fois pour toutes, confiez votre volonté et votre vie aux soins de Dieu que vous Le compreniez ou pas. Une fois ceci fait, vous n'aurez plus à avoir peur de quoi que ce soit en ce qui concerne votre volonté et vous pourrez entreprendre courageusement un inventaire. Vous avez un droit à assumer : une fois votre volonté confiée à Dieu, tout ce que vous trouverez dans votre inventaire y aura été mis par Dieu. Vous ne devez pas vous blâmer ou vous louer pour ce que Dieu y mettra. Nous sommes de nouveau devant l'échappatoire. Et c'est exactement où nous devons être afin d'entreprendre un inventaire où nous n'aurons peur de rien.

La Quatrième Étape est en réalité le premier de plusieurs examens qui vous permettront de déterminer si vous avez terminé la Troisième Étape. Vous n'aurez pas besoin de courage pour continuer. Les indications simples qui précèdent la Cinquième Étape vous diront comment continuer et entreprendre la Cinquième Étape. Vous n'aurez plus besoin de courage, car votre inventaire ne contient plus de peur. Et sans la peur, quel besoin avez-vous d'être brave ?

Vous pouvez dire, en examinant comment vous vous sentez, que vous progressez comme il convient vers le succès et le bonheur qui viennent à vous, doucement mais sûrement, au fur et à mesure que vous avancez dans les Douze Étapes. Alors, continuons.

Cinquième Étape

*Nous avons avoué à Dieu, à nous-mêmes
et à un autre être humain la nature
exacte de nos torts.*

*V*oici une occasion unique, peut-être la première de notre vie, de devenir honnête.

Premièrement, nous devons avouer à Dieu nos torts. Cela ne devrait pas être difficile. Après tout, il est peu probable que Dieu répète à qui que ce soit ce que nous Lui avons avoué, car Il n'a pas été vu récemment en train de bavarder avec quelqu'un de notre connaissance. Il semble donc qu'avouer nos torts à Dieu soit la seule manière pour nous de nous confier sans avoir peur que nos propos confidentiels soient révélés à d'autres hommes et d'autres femmes. Mais comment faisons-nous pour avouer quelque chose à Dieu?

Nous nous confessons tout simplement à Lui. Depuis des siècles, les catholiques le font dans des confessionnaux. Ils énumèrent leurs péchés à un prêtre qui les écoute au nom de Dieu. Cela devrait donc être facile pour les catholiques. Toutefois, les personnes d'une autre religion, ou sans religion du tout, devront énumérer leurs torts directement à leur Puissance supérieure telle qu'elles La conçoivent, et même si elles n'arrivent pas à concevoir de Puissance supérieure. Nous pouvons parler directement à Dieu comme nous l'avons fait dans la Troisième Étape pour Lui confier notre volonté et notre vie. Les

Troisième et Cinquième Étapes sont toutes les deux des contacts directs. Dans la Troisième Étape, nous nous livrons à Dieu. Dans la Cinquième Étape, nous disons quelque chose à Dieu. Nous Lui disons quels sont nos torts. Non pas ce qu'ils étaient avant de procéder courageusement à un inventaire, mais quels sont les défauts de caractère que nous avons encore aujourd'hui, même si nous pensons avoir confié notre volonté et notre vie aux soins de Dieu.

Peut-être sommes-nous encore inquiets. C'est un tort que nous devons confier à Dieu, car l'inquiétude signifie que nous n'avons pas confiance dans l'avenir qu'Il nous prépare.

Peut-être nous fixons-nous encore des objectifs et luttons-nous pour les atteindre. Nous devons les confier à Dieu, car nous fixer des objectifs, même si nous prions pour qu'Il nous aide à les atteindre, signifie que nous essayons encore de contrôler notre vie au lieu de laisser Dieu le faire. Nous ne Le laissons pas nous diriger, mais nous prions pour qu'Il soit notre serviteur.

Peut-être éprouvons-nous du ressentiment ou de la haine à l'égard de quelqu'un ou de quelque chose. Nous devons l'avouer à Dieu, car éprouver de la haine ou du ressentiment signifie que nous n'acceptons pas la personne ou l'objet incriminé comme faisant partie du plan mis au point par Dieu à notre intention.

Si nous avons inscrit l'apitoiement sur soi-même dans l'inventaire de l'Étape précédente, nous pouvons maintenant dire à Dieu que notre tort consiste à être insatisfaits de la position ou de la condition dans laquelle Il nous a placés aujourd'hui.

Il se peut que nous découvrions que nous sommes jaloux ou possessifs. Nous devons avouer ces torts à Dieu, car la jalousie et la possessivité indiquent un désir de contrôler ou de dominer les autres. Comment pouvons-nous contrôler les autres quand nous sommes incapables de nous contrôler nous-mêmes? Nous ne pouvons pas avoir réellement confié notre volonté et notre vie aux soins de Dieu si nous n'avons pas accepté le comportement des autres tel que Dieu nous les présente.

Dans tous les cas, nous parlerons à Dieu des traits de caractère qui nous mettent mal à l'aise et nous font nous sentir coupables et malheureux. En agissant de la sorte, nous découvrirons que ces torts sont, par *nature*, des motivations ou des sentiments pour lesquels nous nous sentons responsables alors que nous devrions en avoir confié toute la responsabilité à Dieu.

Un tort ne sera jamais par nature un méfait, bien que cela puisse être la nature qui nous pousse à commettre un méfait. Nous cherchons ici des motifs et non des actes. Nous examinons notre véritable nature afin de comprendre pourquoi nous continuons d'essayer de transformer les intentions de Dieu à notre égard. Nous Lui avouons que nous essayons encore de tout prendre en main au lieu de Le laisser faire.

Une fois que nous avons avoué à Dieu la nature exacte de ces torts, nous devons trouver un autre

être humain en qui nous avons suffisamment confiance pour lui confier ces faiblesses. Bien qu'à ce
moment-là il ne soit pas nécessaire d'énumérer tous
nos péchés passés, nous devons faire preuve de beaucoup de prudence dans le choix d'un confident. Une
confession complète de nos mauvaises actions passées nous laissera nus et vulnérables face à un autre
être humain.

Nous pouvons même décider d'avouer nos torts
petit à petit à plusieurs personnes. C'est ainsi que
nous pouvons découvrir que d'autres personnes sont
coupables de ce qui pourrait, selon nous, être certaines infractions aux lois de Dieu. De cette manière,
nous ne devrons pas confesser des offenses que nous
avons commises à quelqu'un qui n'est pas coupable
des mêmes méfaits que nous. Très souvent, les diffé-
rences qui existent entre la manière dont nous concevons la sexualité et ce qui nous a été enseigné comme
correct nous conduisent à ces extrêmes. Les voleurs
chercheront des voleurs auxquels se confier. Les
meurtriers ne se confesseront qu'à des meurtriers.

Le fait est que nous n'avouons pas à Dieu, à nous-
mêmes et à un autre être humain que nous avons
menti, volé ou tué. Nous avouons à Dieu, à nous-
mêmes et à quelqu'un d'autre ce que nous sommes
aujourd'hui et ce qui ne va pas chez nous actuellement. Non pas ce qui n'allait pas autrefois.

Mais pourquoi y a-t-il quelque chose qui ne va
pas maintenant que nous avons confié notre volonté
et notre vie aux soins de Dieu? Peut-être notre tort
est-il que nous n'avons pas vraiment confié notre

volonté aux soins de Dieu et que celle-ci continue à vouloir contrôler notre vie.

Nous devons nous demander: «Avons-nous confiance en notre volonté?» Si ma volonté me pousse à aller de l'avant et à faire quelque chose que la société m'a conditionné à ne pas faire, en quoi dois-je croire? La volonté que j'ai confiée aux soins de Dieu, ou la volonté pour laquelle m'a conditionné la société? Si j'ai confié ma volonté à Dieu, j'aurai confiance en elle. Si tel n'est pas le cas, c'est que je ne l'ai pas fait. Si je laisse la société rejeter ma volonté, que j'ai confiée aux soins de Dieu, je pratique l'autocontrôle et je ne permets pas à Dieu d'exercer son contrôle.

Je dois permettre à mon Créateur de créer ce que la société essaie de contrôler — mes désirs. Si ma volonté, qui est toute ma conscience, est entre les mains de Dieu, c'est Dieu et Lui seul qui crée les désirs qu'elle exprime. Si je manque de courage pour aller de l'avant et faire ce que Dieu demande à ma volonté de faire, alors mon tort consiste à croire davantage en la société qu'en Dieu. Je n'ai pas le courage nécessaire pour accepter que mes désirs soient maintenant créés par Dieu. J'ai peur que Dieu ne prenne pas vraiment soin de ma volonté et ne crée pas mes désirs.

C'est compréhensible, car de nombreuses choses que je veux faire sont des choses que la société m'avait dit être mal avant que je n'entende parler des Douze Étapes. Cela peut me faire douter que Dieu ait réellement pris en charge ma volonté, même si je le Lui ai demandé.

Mon tort peut consister en un manque de foi.

Cela peut être un manque de courage.

Cela peut être de la peur. La peur d'aller de l'avant et de faire ce que je veux sans me laisser arrêter par ce que la société m'a enseigné. S'il y a de la peur, cela signifie que nous n'avons pas fait l'Étape qui précède celle-ci. Nous n'avons pas encore courageusement procédé à un inventaire. Et nous n'avons pas travaillé la Troisième Étape. Si nous n'avons pas confié notre volonté et notre vie aux soins de Dieu, c'est le moment de le faire. Nous pourrons alors passer à la Quatrième Étape, revenir où nous sommes maintenant et avouer à Dieu, à nous-mêmes et à un autre être humain la nature exacte de nos torts.

Une fois que nous avons partagé nos faiblesses avec quelqu'un d'autre, avec nous-mêmes et avec Dieu, nous pouvons passer à l'Étape suivante.

Sixième Étape

*Nous avons pleinement consenti
à ce que Dieu élimine
tous ces défauts de caractère.*

*L*a perspective même de voir éliminer tous les défauts de caractère peut sembler indésirable à quiconque n'a pas encore terminé les cinq Étapes qui précèdent celle-ci. De quel genre de défauts parlons-nous? Faisons-nous référence à notre tendance à voler, à commettre des gestes de violence, à nous garer en double file ou à écrire des chèques sans provision? Il se peut que nous fassions référence aux défauts de caractère qui nous font commettre ces actes, si nous les commettons toujours. Si cela se limite à ça, il nous sera facile d'être prêts à voir éliminer tous ces défauts de caractère.

Cependant, nous devons reconnaître que nous pouvons avoir des défauts de caractère qui nous procurent tant de plaisir que nous ne sommes pas prêts à ce que Dieu, ou personne d'autre, les élimine. Parlons-nous de boulimie, d'alcoolisme, de tabagisme ou de consommation de drogues? Cela est peu probable. Si nous faisons encore de telles choses, nous ne serions probablement pas si avancés dans le programme. Si nous avons confié notre volonté et notre vie aux soins de Dieu, il est peu probable qu'Il continue indéfiniment à créer en nous des désirs compulsifs qui nuisent au corps dans lequel Il nous a placés. En outre, qui de nous ne désirerait pas que Dieu élimine les compulsions qui nous poussent à boire trop, manger trop, fumer trop ou abuser de drogues? Comment ne pouvons-nous pas désirer que Dieu élimine des défauts de caractère qui nous poussent à continuer ces pratiques malsaines?

Peut-être sommes-nous encore grisés par le pouvoir? Peut-être prenons-nous tant de plaisir à essayer de contrôler notre propre vie et autant d'autres vies que possible que nous ne voulons pas permettre à Dieu d'éliminer ce défaut de caractère. Si nous avons admis que nous avons perdu la maîtrise de notre vie, comment pouvons-nous contrôler la vie d'autres personnes? Essayer de continuer à le faire est certainement un défaut de caractère. Abandonner ne serait-ce que l'illusion du pouvoir peut nous sembler plus que nous ne sommes disposés à faire. Nous devons cependant abandonner cette illusion si nous consentons à ce que Dieu élimine nos défauts de caractère.

Peut-être pensons-nous qu'éliminer nos défauts de caractère est une tâche trop exigeante pour nous. Nous avons tout à fait raison. C'est une tâche trop lourde pour que nous la fassions par nous-mêmes. Et si nous remettons cette Étape à plus tard parce que l'énorme travail que nous devrons effectuer pour essayer d'éliminer nos défauts de caractère nous fait peur, cela signifie que nous ne comprenons pas encore les mots simples utilisés dans cette Étape. La Sixième Étape ne dit pas que nous sommes prêts *à éliminer* tous ces défauts de caractère. Elle dit que nous consentons à ce que *Dieu élimine* tous ces défauts de caractère.

Il y a une différence. Nous avons tous appris depuis notre naissance à essayer de nous améliorer, de renforcer nos propres caractères et de devenir des citoyens ayant une bonne moralité. Essayer d'éliminer nos défauts de caractère et consentir à ce que Dieu s'en charge peut s'avérer très difficile pour nous. Après tout, nos parents, nos professeurs, les membres du clergé, nos employeurs, les psychologues et la plupart des philosophes nous ont dit pendant toute notre vie que notre devoir envers eux et envers Dieu consiste à travailler afin d'améliorer notre caractère et d'éliminer nos défauts de caractère. Cette responsabilité impossible nous a été répétée jusqu'à ce qu'elle soit ancrée en nous et l'idée de l'abandonner à Dieu nous semble presque sacrilège.

Certains ne manqueront pas de raisonner, «Dieu peut éliminer nos défauts de caractère, mais Il veut que nous fassions le gros du travail. Nous ne pouvons pas rester assis dans un état végétatif et attendre qu'Il fasse tout le travail. Dieu veut que nous travaillions pour améliorer notre caractère. Il nous a donné une intelligence et Il veut que nous l'utilisions.» Nous pouvons utiliser ce type de fausse logique pour remettre indéfiniment la Sixième Étape. Le fait est que si vous confiez à Dieu votre volonté et votre vie et si vous consentez à ce qu'Il élimine tous vos défauts de caractère, vous ne vous préparez pas du tout à devenir végétatif. Permettre à Dieu de contrôler votre esprit et consentir à ce qu'Il améliore votre caractère ne vous conduira à l'inaction que si Dieu désire que vous soyez inactif. Et pourquoi votre Créateur, qui vous a donné un esprit et un corps, souhaiterait-il que vous ne les utilisiez pas? La question qui se pose est la suivante: allez-vous permettre à Dieu de diriger l'utilisation que vous faites de votre esprit et de votre corps, ou allez-vous continuer à assumer la responsabilité de votre volonté et de votre vie comme vous l'a enseigné une société, de toute évidence perturbée, avant que vous n'ayez entendu parler des Douze Étapes?

Qui sera responsable de votre volonté et de votre vie? Vous ou Dieu? Qui laisserez-vous éliminer vos défauts de caractère? Cette Étape clarifie la différence entre le Créateur et la créature. Seule l'humanité peut créer des défauts. Seul Dieu peut les éliminer. Mais nous rechignons encore à Le laisser faire. Pourquoi? Parce que nous avons peur qu'Il puisse éliminer un défaut de caractère qui nous procure du plaisir.

De quoi parlons-nous? Tricher? Peut-être, si nous insistons pour gagner et refuser à Dieu de contrôler notre âme. Mais c'est peu probable, tout comme il est peu probable que notre volonté de remettre à plus tard soit basée sur l'amour de la violence, la malhonnêteté ou le pouvoir. Si tel est le cas, nous devons accepter l'évidence que nous n'avons pas encore irrévocablement confié notre volonté et notre vie aux soins de Dieu. Car Dieu ne nous ferait pas remettre les choses à plus tard comme nous le faisons. Entre les mains de Dieu, notre volonté voudra aller de l'avant et travailler les Douze Étapes qui nous mèneront au succès et au bonheur.

La Sixième Étape, comme les Quatrième et Cinquième Étapes qui l'ont précédée, est un test destiné à voir si nous avons réellement travaillé la Troisième Étape. Si nous ne l'avons pas fait, alors qu'est-ce qui

nous retient? Quels sont les défauts qui nous procurent tant de plaisir que nous ne souhaitons pas les
voir disparaître?

La société nous a enseigné tellement de restrictions que nous ne savons pas ce qui est bien et ce qui
est mal. Beaucoup de choses que la société a prônées,
ou contre lesquelles elle a légiféré, sont des pratiques
qui nous attirent encore. Nous ne voulons pas courir
le risque que Dieu nous demande de respecter certains tabous, imposés par une partie ou une autre de
la société, si nous Le laissons entièrement contrôler.

Le fait est que nous sommes, pour la plupart, tellement déconcertés par certaines attitudes sociales
que nous ne souhaitons pas courir le risque de découvrir que certains de nos appétits, pratiques ou fan-
tasmes sont des défauts de caractère. Consentir à
demander à Dieu d'éliminer nos défauts de caractère
peut signifier que nous acceptons que certains de nos
désirs actuels soient diminués ou éliminés. Et voir
ces défauts modifiés, diminués ou éliminés est
incompatible avec ce que nous espérons. Si connaître
le bonheur et le succès signifie diminuer nos pratiques ou nos rêves, qui voudra de ce succès ou de ce
bonheur?

N'ayez aucune crainte. Les Douze Étapes ne sont
pas un programme religieux ou un programme de
morale. La morale consiste à imposer à une personne, ou à un groupe, le code de conduite d'une personne ou d'un groupe, ni plus ni moins. Les principes
des Douze Étapes n'ont rien à voir avec la morale. Ils
peuvent s'appliquer à un code religieux ou moral et
l'améliorer. Mais le contraire ne fonctionne pas.
Appliquer un code moral ou religieux à ces Étapes ne

peut que modifier leurs principes. Les Étapes ne sont pas ouvertes à la morale, à la religion ou à toute autre interprétation. Les personnes qui interprètent les Étapes ne connaissent pas le succès et le bonheur. Celles qui se contentent de les lire et de faire ce qu'elles disent réussissent et sont heureuses. C'est aussi simple que cela.

Nos pulsions fondamentales ne diminuent pas entre les mains de Dieu. La seule manière d'en avoir la preuve est de courir le risque. Le risque ultime consiste à consentir à ce que Dieu élimine tous vos défauts de caractère, puis à attendre pour voir ce qu'Il éliminera.

Finalement, savez-vous vraiment quels sont vos défauts de caractère? En travaillant les Étapes qui vous ont conduit à celle-ci, n'avez-vous pas changé d'opinion à propos de vos forces et de vos faiblesses, de ce qui est bon et de ce qui est mauvais? N'avez-vous pas appris que la société et vous-même, en tant que membre de cette société, avez eu tort dans de nombreux domaines? Et en découvrant que vous aviez tort, avez-vous appris la vérité?

Alors soyez assuré que Dieu ne fera qu'éliminer ce qui n'est pas naturel en ce qui concerne vos instincts quand vous consentirez à Le laisser vous débarrasser de vos défauts. Ce qui est naturel deviendra plus fort. Vous pourrez tirer le maximum de plaisir de vos désirs seulement si vous savez que vos désirs sont créés par Dieu, peu importe ce que pensent les autres personnes ou les autres groupes.

La croyance est un substitut de la connaissance. La manière d'apprendre ce que Dieu a en tête en ce qui a trait à votre vie sexuelle, matérielle, ou autre, consiste à consentir à ce qu'il élimine votre désir pour tout ce qu'il ne veut pas que vous fassiez. Vous devez encore courir le risque dans un domaine plus précis de votre vie et dire quelque chose comme : «D'accord. Je consens à ce que Vous éliminiez tous mes défauts de caractère, qu'il s'agisse d'un défaut que j'aime ou non.»

Au moins trois millions de personnes ont travaillé cette Étape et ont survécu. Vous pouvez aussi croire que, quelles que soient les joyeuses activités auxquelles vous voudrez participer par la seule volonté de Dieu, vous serez capable de mieux faire que jamais auparavant. Consentir à ce que Dieu élimine nos défauts de caractère signifie consentir à supprimer notre sentiment de culpabilité face à toutes les merveilleuses choses qu'il nous fait vouloir entreprendre. Sans culpabilité, nous sommes libres.

Mais la Sixième Étape n'est pas une Étape dans laquelle nous agissons. C'est une manière d'être qui s'empare de nous. Un jour, nous réalisons soudain que nous n'avons plus aucune inquiétude à laisser Dieu éliminer certains ou tous nos défauts de caractère, selon ce qu'il juge opportun de faire. Cela ne signifie pas que nous imaginions qu'une fois que Dieu aura éliminé nos défauts préférés, ils ne nous manqueront pas. Cela signifie que, en nous basant sur ce que les autres personnes qui ont travaillé ces Étapes nous ont dit, nous pensons pouvoir faire confiance à Dieu. Notre Puissance supérieure nous fera retrouver une forme comme nous n'en avons jamais connue, grâce à laquelle nous aurons du plaisir comme jamais auparavant. Et elle nous donnera plus de plaisir que dans nos rêves les plus fous. Il nous suffit de Lui confier notre vie et notre volonté. Ce n'est qu'une fois prêts à recevoir toute cette joie, que nous consentons à ce que Dieu élimine les défauts de caractère qu'Il veut éliminer.

Comment savons-nous que nous avons enfin terminé cette Étape? En passant à la Septième Étape. La preuve que nous avons accepté la Sixième Étape est notre volonté à poursuivre avec la Septième Étape.

Passez donc à la page suivante. Êtes-vous disposé à vous en remettre à Dieu pour Lui demander de faire ce que vous pensez être prêt à vivre? Si tel est le cas, vous avez travaillé la Sixième Étape. Dans le cas contraire, continuez à travailler cette Étape jusqu'à ce que vous puissiez le croire.

Si vous consentez à ce que Dieu élimine vos défauts de caractère, passez à la Septième Étape.

Septième Étape

Nous Lui avons humblement demandé
de faire disparaître nos déficiences.

Voici de nouveau le moment d'agir. Le moment est venu d'aller à la pêche ou de retirer l'hameçon. C'est maintenant que vous allez de l'avant et que vous demandez à Dieu de vous faire vivre ce que vous déclarez être prêt à vivre. Vous Lui demandez humblement de faire disparaître vos déficiences.

Nombre d'entre nous sortiront leur inventaire, se prépareront à examiner la liste de leurs défauts de caractère et leur appliqueront le principe suivant: vivre un jour à la fois. En d'autres termes, il peut nous sembler logique de choisir et de nous attaquer à un défaut à la fois. Nous pouvons, par exemple, demander à Dieu de nous aider à vaincre notre jalousie. Nous pouvons travailler à régler ce problème, qui est de toute évidence une déficience, et prier Dieu pour qu'Il nous aide à chasser la jalousie de notre vie.

Nous pouvons ensuite passer à la luxure qui est, comme nous l'avons appris, un défaut de caractère et demander à Dieu de nous aider à éliminer ce problème de notre vie. Ensuite, nous pouvons passer à la colère, au ressentiment, ou à l'apitoiement sur soi-même et demander à Dieu de nous aider à éliminer ces déficiences de notre inventaire.

Personne n'est parfait. Par conséquent, nous ne pourrons jamais espérer réellement éliminer tous nos défauts de caractère, peu importe les efforts que nous ferons et nos prières pour obtenir des conseils.

«Il n'y a pas de saints dans ce programme», déclarera souvent un ancien qui lutte pour le succès et le bonheur. «Nous faisons seulement de notre mieux.» Une fois familiers avec le langage, à défaut de l'être avec la philosophie, nous pouvons compléter inconsciemment cette phrase. Nous faisons seulement de notre mieux *pour faire quoi*? Pourquoi *devenir des saints*, bien sûr.

Cela signifie que nous devons apprendre à vivre en suivant les règles citées dans des livres que des saints ont suivies avant nous, lesquels sont morts et ont été sanctifiés pour avoir essayé d'obéir à ces règles. Cela signifie aussi que nous devons tout au moins essayer d'éliminer de notre comportement ce qui est interdit par notre religion et notre société.

Mais, attendez une minute! Rappelons une fois de plus qu'il ne s'agit pas d'un programme religieux. Reconnaissons de nouveau que *les principes de ces Étapes sont diamétralement opposés à tout ce que la société nous a enseigné jusqu'ici.*

La raison pour laquelle il n'y a pas de saints dans ce programme est que ces Étapes ne nous suggèrent pas d'essayer de devenir des saints. Ou de nous efforcer de correspondre à une image en particulier. La Septième Étape suggère que nous *Lui* demandions humblement de faire disparaître nos déficiences. Pas *nous. Lui.*

«Hé! Une minute», pouvons-nous protester de nouveau. «Dieu ne souhaite certainement pas que je ne fasse rien et que j'attende qu'Il fasse tout le travail. Il souhaite certainement que je fasse des efforts.»

Cela correspond sans aucun doute à l'éthique qui nous a été enseignée tout au long de notre vie: travaille dur et fais-le toi-même. Mais n'essayons pas de modifier le sens de la Septième Étape pour la faire correspondre à ce que nous croyons déjà. Débarrassons-nous de nos vieilles idées sur ce qui est bien et ce qui est mal afin de lire ce que l'Étape dit réellement. Elle dit: *nous Lui avons humblement demandé de faire disparaître nos déficiences.*

Vous ne tendez pas la clef de votre voiture à quelqu'un et ne lui demandez pas humblement de garer votre voiture, puis vous ne vous emparez pas de nouveau de la clef et n'allez pas garer votre voiture vous-même. Cela ne serait pas demander humblement à quelqu'un de faire quelque chose. Cela démontrerait, avec arrogance, que vous vous estimez plus compétent pour garer votre voiture que la personne que vous avez sollicitée. Vous ne demandez pas humblement à Dieu de faire disparaître vos déficiences, puis vous n'insistez pas pour le faire vous-même. Cela ne serait pas demander humblement à Dieu de faire quelque chose, si vous ne Le laissez pas le faire. De même, demander à Dieu de vous conseiller pour que vous puissiez le faire n'est pas la même chose que Lui demander de faire disparaître vos déficiences et d'accepter avec humilité ce qui en découle comme étant Sa volonté et non la vôtre.

Nous ne pouvons travailler cette Étape qu'avec sincérité. Nous ne la travaillons pas du tout si nous demandons à Dieu de faire disparaître nos défauts de caractère et si nous n'avons pas l'intention de Le laisser faire parce que nous préférons le faire nous-mêmes, peut-être avec son aide, mais en revendiquant encore la responsabilité du succès ou de l'échec du travail entrepris. Peu nombreux sont les êtres humains qui, au cours de l'histoire, ont été reconnus pour avoir fait disparaître tous leurs défauts de caractère. Par conséquent, si nous essayons de tous les supprimer, nous sommes condamnés à l'échec. Mais si nous n'essayons plus de le faire nous-mêmes et si nous demandons humblement à Dieu de le faire, cela devient Sa responsabilité, pas la nôtre. Nous ne pouvons pas accepter le crédit ou le blâme pour ce qui s'ensuit. Par conséquent, nous ne pouvons pas échouer. Seul Dieu peut échouer, et c'est impossible.

Ce qui reste dans notre inventaire une fois que nous avons demandé à Dieu de faire disparaître nos déficiences est supposé y rester. Il peut s'agir de choses que nous considérions comme des défauts, mais étant donné que Dieu les y a laissées, nous pouvons supposer qu'Il les y a laissées à son usage et ne souhaite pas les éliminer. Nous apprendrons donc que toutes les choses que nous considérions comme des déficiences ne sont pas des défauts du tout. Certaines de nos faiblesses se révéleront des forces, peut-être pas aux yeux de nos proches, mais aux yeux de Dieu qui les laisse dans l'esprit qu'Il a créé.

Ceux qu'Il veut voir chefs conserveront le désir du pouvoir, mais n'auront pas le désir de mal l'utiliser. Ceux qu'Il veut amoureux conserveront une sexualité exquise, mais auront assez d'égards pour ne blesser personne. Ceux qu'Il veut riches matériellement le seront, mais sans la cupidité et la possessivité qui font de la richesse un fardeau pour les autres. Dieu ne fera pas disparaître la souffrance de notre vie, car si nous ne sommes pas capables de sentir quand on nous pince, nous ne serons pas capables de sentir quand on nous embrasse. L'égoïsme est le plus grand défaut que Dieu, si nous le Lui permettons, fera disparaître de notre vie. Nous attribuerons le mérite là où il doit être, à Dieu en qui nous avons eu confiance pour supprimer nos déficiences, peu importe ce qu'elles sont. Pour la première fois dans notre vie, nous serons certains de nos faiblesses et de nos forces. Nos faiblesses seront ce que Dieu fera disparaître de notre vie et nos forces, ce qu'Il y laissera. Cela sera vrai aussi longtemps que nous Lui laisserons l'entière responsabilité.

Au lieu d'être responsables, nous répondrons à ce que Dieu nous demandera. Étant donné que nous Lui avons demandé de faire disparaître nos déficiences, nous pouvons supposer que nous ressentons, face à ce qu'Il nous présente dans notre vie quotidienne, ce qu'Il veut que nous ressentions. Nous pouvons donc faire ce que nous avons envie de faire, peu importe ce qui arrive. C'est une réaffirmation de la Troisième Étape. Notre vie est aux soins de Dieu, ce qui nous arrive fait donc partie de Son plan. Notre volonté repose entre Ses mains, nous pouvons donc avoir confiance en notre volonté pour nous dire quoi faire. Nous avons demandé à Dieu de faire disparaître nos déficiences et avons humblement eu confiance en Lui pour qu'Il en fasse ce qu'Il veut; nous ne devons donc plus avoir peur de nos faiblesses.

Restons-nous assis en attendant que Dieu fasse tout? Non. Nous découvrons que Dieu nous donne plein de choses à faire et nous fait vouloir en faire plus que jamais. Et nous n'avons plus besoin de perdre du temps à essayer de décider ce que nous devrions ou ne devrions pas faire. Désormais, nous essayons d'aller de l'avant et de faire ce qu'Il nous fait avoir envie de faire, et de ne pas faire ce qu'Il ne nous fait pas vouloir faire. Nous apprenons, d'abord timidement, à avoir confiance aux intuitions qu'Il nous donne plutôt qu'à continuer à avoir confiance, à tort, en une intuition qui nous a été donnée par une société incertaine. Nous restons timides, car il n'est pas facile de surmonter des habitudes acquises depuis longtemps. Nos églises, nos employeurs et notre gouvernement ont fait en sorte que, pendant des années, nous les avons consultés docilement pour savoir tout ce que nous devrions ou ne devrions pas faire. Notre dépendance à l'égard des règles et règlements d'une société malsaine est une habitude de longue date, difficile à supprimer. Nous devons donc créer une nouvelle habitude.

Quel que soit le nombre de jours que cela a pris, un jour à la fois, nous avons commencé chaque matin à demander à Dieu de prendre soin de notre volonté et de notre vie jusqu'à ce que cela devienne une habitude de Le laisser faire; maintenant nous devons faire la même chose avec cette Étape. Tous les jours, nous devons humblement Lui demander de faire dis-

paraître nos déficiences jusqu'à ce que nous ayons
l'habitude de Le laisser faire pour tout ce qui nous
concerne. Ce n'est qu'alors que nous serons libérés de
nos vieilles idées, lesquelles font de nous des prisonniers, au sujet de ce qu'est un comportement correct
et incorrect. Ensuite, et pas avant, nous commence-
rons à croire que nos sentiments sont notre seul contact conscient avec Dieu, qui nous fait sentir comme
nous nous sentons. Nous apprendrons que les sentiments que nous ressentons sont les instructions de
Dieu, que Lui seul nous donne. Nous pouvons les suivre sans crainte.

Mais si nous avons peur d'obéir aux sentiments
que Dieu nous fait ressentir, c'est que la peur fait
toujours partie de notre inventaire et que nous
n'avons pas encore achevé la *Quatrième Étape*. Avec
nos cœurs encore remplis de peur, nous n'avons pas
courageusement procédé à un inventaire moral. La
raison pour laquelle nous ne l'avons pas fait est la
même. En dépit de tous nos efforts, nous n'avons pas
*entièrement confié notre volonté et notre vie aux soins
de Dieu tel que nous Le concevons*. La Septième
Étape, comme les Quatrième, Cinquième et Sixième
Étapes qui la précèdent, nous renvoie à la Troisième
Étape jusqu'à ce que nous fassions ce que tous ces
mots simples nous suggèrent.

Pensiez-vous que cela allait être facile? Ou que
vous alliez faire ces Étapes rapidement? Ce n'est pas
possible. Si vous pensez que cela doit être fait rapidement, l'impatience est un de vos défauts de caractère. L'impatience demeurera jusqu'à ce que vous
appreniez à travailler laborieusement les Étapes de

un à sept, peu importe le temps que cela vous prendra ou combien cela vous semblera impossible par moments. Une fois que vous avez fait les Étapes un à six, vous pouvez demander humblement à Dieu de faire disparaître vos déficiences, et vous serez libéré de votre impatience.

Quand vous serez devenu suffisamment humble pour permettre à Dieu de le faire au moment qu'Il choisira, vous serez prêt à tourner la page et à vous lancer dans la Huitième Étape qui vous conduira vers le succès et le bonheur. Après avoir parcouru tout ce chemin, vous serez déjà plus heureux et connaîtrez plus de succès que jamais auparavant. Mais si vous pensez que c'est déjà quelque chose, attendez de voir la vie remplie de joie qui vous attend lorsque vous aurez patiemment travaillé toutes les Étapes, une étape à la fois. Cependant, ce n'est pas encore le moment. Vous êtes peut-être prêt à entreprendre la Huitième Étape.

Huitième Étape

Nous avons dressé une liste de toutes les personnes que nous avions lésées et nous avons consenti à leur faire amende honorable.

Voici l'occasion d'écrire, tout au moins en partie, l'histoire de nos vies passées. C'est notre chance d'écrire soigneusement chacun de nos méfaits passés et de dresser la liste des personnes que nous avons lésées. Rappelez-vous de l'erreur que nous avons été nombreux à commettre en pensant que la Quatrième Étape, procéder courageusement à un inventaire moral de nous-mêmes, signifiait faire le compte de nos péchés passés? Mais nous avons appris par la suite qu'un inventaire n'est pas une histoire. Un inventaire renferme ce qui fait partie de notre vie aujourd'hui. Non pas ce qui en faisait partie autrefois.

Quatre étapes plus tard, à la *Huitième Étape*, nous devons enfin raconter les torts que nous avons faits aux autres lors de notre passé agité et inscrire, en toute honnêteté, le nom des personnes que nous avons lésées. Nous devons faire face aux moments les plus difficiles de notre histoire, ces choses dont nous sommes coupables ou qui ont lésé d'autres personnes.

Nous devons écrire leurs noms. C'est la seule Étape qui nous précise clairement d'écrire quelque chose, même s'il est probable que nous ayons trouvé utile de rédiger notre inventaire par écrit. Qui avons-nous lésé et comment?

Avons-nous volé quelqu'un, qui par notre faute a subi une perte?

Avons-nous blessé quelqu'un physiquement?

Avons-nous calomnié quelqu'un délibérément afin de lui causer du tort?

Avons-nous menti à quelqu'un et ce mensonge a-t-il lésé cette personne?

Avons-nous volontairement ignoré les problèmes émotifs ou matériels de quelqu'un?

Avons-nous délibérément refusé des informations ou de l'aide à quelqu'un qui a souffert de ce refus?

Avons-nous blessé quelqu'un par négligence?

Notre paresse a-t-elle causé le malheur de quelqu'un?

Notre manque d'égards envers les autres a-t-il été à l'origine de leur malheur ou de leur perte?

Notre cupidité a-t-elle privé les autres de quelque chose à quoi ils avaient droit?

Nous sommes-nous mêlés avec malveillance des affaires des autres pour leur faire de la peine et pour les blesser?

Avons-nous utilisé quelqu'un pour notre propre intérêt, mais pour son malheur?

Avons-nous déjà violé quelqu'un?

Avons-nous privé quelqu'un d'un être aimé en assassinant ou en commettant un homicide involontaire?

Avons-nous transmis une maladie alors que nous savions que nous étions infectés?

Avons-nous omis de prendre notre responsabilité face à une grossesse?

Avons-nous omis de pourvoir aux besoins de personnes à notre charge pour satisfaire nos propres désirs?

Avons-nous permis que quelqu'un soit lésé alors que nous aurions pu l'éviter?

Notre comportement passé a-t-il causé à quelqu'un des préjudices émotifs, matériels ou spirituels?

Avons-nous laissé quelqu'un souffrir de solitude alors que nous aurions dû nous occuper de cette personne?

Avons-nous omis de donner à nos enfants l'éducation et les soins parentaux auxquels ils avaient droit?

Avons-nous obligé une autre personne à adopter notre propre code moral à son détriment?

Avons-nous refusé à quelqu'un les mêmes droits qu'aux autres pour des raisons de race, de principes, de religion ou de sexe?

Avons-nous joué un sale tour à quelqu'un?

Avons-nous déjà vendu quelque chose à quelqu'un que nous savions ne pas avoir les moyens de l'acheter?

Avons-nous rendu quelqu'un malheureux en raison de notre possessivité ou de notre jalousie?

Avons-nous trahi la confiance de quelqu'un?

Avons-nous refusé à nos aînés l'amour et l'aide dont ils avaient besoin?

Avons-nous usé de discrimination envers quelqu'un à cause de son âge?

Avons-nous abandonné quelqu'un dans la détresse alors que nous aurions dû l'aider?

Avons-nous profité d'une position de pouvoir pour abuser de quelqu'un sous nos ordres afin d'en tirer profit pour nous-mêmes?

Avons-nous maltraité quelqu'un physiquement?

Avons-nous abusé de quelqu'un sexuellement?

Avons-nous laissé quelqu'un d'autre être blâmé et puni pour quelque chose que nous avons fait?

Nous souvenons-nous d'avoir lésé quelqu'un d'une autre manière, à un moment donné, pour une raison donnée?

Il existe d'autres façons de léser quelqu'un que celles que nous venons d'énumérer. Chacun de nous doit fouiller ses souvenirs afin d'identifier les fautes qu'il a commises envers les autres, d'inscrire le nom de ces personnes sur sa liste et d'identifier comment il les a lésées. Ces listes incluront le nom de toutes les personnes que nous avons lésées avec raison. Cette Étape dit de dresser une liste de toutes les personnes que nous avons lésées, que nous pensions ou non qu'elles l'aient cherché.

Certains découvriront qu'ils ont lésé beaucoup de monde. Leur liste sera longue. D'autres auront peut-être lésé seulement une ou deux personnes et leur liste comportera un ou deux noms. Il est possible que nous n'ayons blessé personne, sauf nous. Dans ce cas, la liste ne comportera aucun nom. Si tel est le cas, il se peut que nous trouvions difficile de passer à l'Étape suivante. Ceux et celles qui n'ont lésé personne dans leur passé peuvent penser que ce n'est pas vrai. Souvent, ils s'accuseront de ne pas être honnêtes.

«J'ai blessé quelqu'un», déclarera celui-ci. «Je dois avoir blessé quelqu'un. Mais je ne suis pas assez honnête pour l'admettre.» Il se peut qu'il ait raison. Un examen de conscience plus approfondi n'a jamais nui à personne. Peut-être nous aidera-t-il à nous remémorer le tort que nous avons fait aux autres dans le passé, peut-être pas. L'important, c'est que nous ne sommes pas obligés d'avoir lésé quelqu'un. Cette Étape exige seulement que, dans le cas où nous avons lésé quelqu'un, nous le reconnaissions, inscrivions son nom et soyons disposés à faire amende honorable.

Nous devons être disposés à payer le prix, quel qu'il soit, pour arranger les choses. Nous devons être prêts à accepter toute la confusion qui s'ensuivra si nous sommes confrontés aux personnes que nous avons lésées, si nous admettons ce que nous avons fait et prenons les mesures nécessaires pour réparer nos torts. Nous devrons mettre les choses au clair et dresser le bilan de nos méfaits passés.

Ce n'est pas encore le moment de supprimer de nos listes le nom des personnes auxquelles nous pourrions nuire en réparant nos torts, ou des personnes pour lesquelles il est impossible de réparer nos torts. Pour le moment, nous devons être prêts à faire amende honorable à *toutes* les personnes que nous avons lésées, que cela soit possible ou non.

Quand nous serons plus disposés à arranger les choses qu'à les laisser comme elles sont, nous aurons terminé la Huitième Étape et pourrons passer à la Neuvième Étape.

Neuvième Étape

*Nous avons réparé nos torts directement
envers ces personnes partout où c'était
possible, sauf lorsqu'en ce faisant,
nous pouvions leur nuire
ou faire tort à d'autres.*

Voici une autre étape dans laquelle nous agissons et qui nous prouvera si nous avons ou non terminé les Étapes précédentes. Si nous sommes vraiment disposés à faire amende honorable à ceux et celles que nous avons blessés, désormais rien ne nous en empêchera.

La Neuvième Étape nécessitera du courage. Nous devons aller voir chaque individu auquel nous avons nui, tous les contacter et faire ou payer ce qui est nécessaire pour réparer ce que nous leur avons fait. Cela peut signifier retourner sur les lieux de nos crimes. Cela impliquera que nous ayons un contact direct avec nos victimes. Nous devrons admettre devant elles que nous avons eu tort. Nous devrons leur dire que nous sommes désolés de ce que nous avons fait. Nous devrons ensuite entreprendre une action positive pour réparer le mal que nous avons causé. Cependant, nous devons prendre toutes les mesures nécessaires afin de nous assurer qu'en travaillant la Neuvième Étape nous ne nuisons pas davantage à nos victimes, ou à qui que ce soit d'autre.

Si nous avons eu une liaison avec quelqu'un, la formation morale que nous avons reçue par le passé peut faire que cela pèse sur notre conscience. Nous

pouvons penser que la Neuvième Étape nous donne
maintenant une chance de soulager notre conscience
en nous confessant à l'épouse (ou à l'époux) de notre
ancien amant (ou maîtresse) à laquelle nous pensons
avoir causé du tort. Mais si cette personne n'était pas
au courant du péché de son conjoint, le lui dire maintenant ne pourrait qu'engendrer une nouvelle souffrance. Nous pourrions briser une relation seulement
parce que nous voulons nous tirer d'affaire. Cela
serait un cas où l'honnêteté ne paierait pas du tout
et ne pourrait que causer du chagrin aux autres.
Cela serait précisément un cas pour lequel essayer
de faire amende honorable à une personne *pourrait
lui nuire ou faire tort à d'autres.* Confesser la culpabilité de quelqu'un ainsi que notre propre culpabilité
ferait indubitablement souffrir la personne à
laquelle nous nous confessons. Nous ne devons donc
rien confesser qui ferait du tort à un complice.

Si nous avons volé quelqu'un, nous devons offrir
de rembourser ce que nous avons volé.

Si nous avons blessé quelqu'un physiquement,
nous devons proposer de payer les factures médicales
que cela a entraînées et de compenser nos victimes
pour toutes les autres pertes qu'elles ont subies à
cause de cette blessure.

Si nous avons fait du tort à quelqu'un en men-
tant, nous devons essayer de réparer ce tort en
disant la vérité, sauf si en agissant de la sorte nous
pouvons lui nuire davantage en rouvrant de vieilles
blessures.

Nous devons nous confesser à ceux que nous avons escroqués et leur offrir de les rembourser pour ce que nous leur avons volé.

Nous devons contacter quiconque a souffert parce que nous lui avons délibérément refusé des informations ou de l'aide et lui proposer de l'aider de toutes les façons possibles.

Si nous avons blessé quelqu'un par négligence, le moment est venu de proposer une compensation pour ces blessures en offrant de l'argent ou par n'importe quel autre moyen.

Si notre paresse a causé du tort à quelqu'un, nous pouvons compenser maintenant notre victime par notre travail.

Nous ne compenserons pas le manque d'égards que nous avons eu par le passé simplement en manifestant de la considération aux personnes que nous avons lésées.

Nous devons faire preuve d'une générosité égale à notre cupidité passée à l'égard de ceux et celles que nous avons privés.

Nous devons nous excuser de nous être mêlés avec malveillance des affaires d'autres personnes auxquelles nous avons causé du chagrin ou de la souffrance, sauf si en ce faisant nous devons leur nuire davantage. Nous devons proposer de mettre les choses au clair, ou de faire tout ce qui est en notre pouvoir, pour remplacer la souffrance par de la joie.

Nous devons nous mettre à la disposition des personnes que nous avons utilisées afin qu'elles nous utilisent pour compenser le malheur dont nous avons été la cause.

Nous devons offrir toute forme d'amendement possible susceptible d'être acceptée par une personne que nous avons violée ou par les personnes que nous avons privées d'un être aimé en l'assassinant ou en commettant un homicide involontaire.

Nous devons offrir toute forme de compensation raisonnable aux personnes que nous avons infectées alors que nous savions que nous étions malades.

C'est le moment d'offrir en toute sincérité d'assumer l'entière responsabilité des grossesses dont nous sommes à l'origine, d'offrir une compensation à la femme concernée et une aide financière et matérielle pour les enfants nés de ces grossesses. Nous ne le ferons pas si cela doit mettre en danger la relation qu'entretient maintenant cette femme avec quelqu'un d'autre.

Nous devons compenser toute perte que nous avons causée aux personnes à notre charge pour satisfaire nos propres désirs.

Nous devons prendre toutes les mesures nécessaires, notamment procéder à une confession complète de nos torts si cela peut aider, afin de décharger les personnes que nous avons laissé blâmer et punir à notre place.

Nous devons proposer de compenser par tous les moyens à notre disposition les personnes punies à notre place.

Si nous avons permis que quelqu'un soit lésé alors que nous aurions pu l'empêcher, nous devons faire quelque chose qui sorte de l'ordinaire pour améliorer la vie de cette personne.

Nous devons contribuer à la paix d'esprit, au bonheur, à la prospérité ou au bien-être spirituel de ceux et celles à qui nous avons nui sur le plan mental, émotif, matériel ou spirituel.

Nous devons accorder notre camaraderie et notre attention à ceux que notre négligence a laissés dans la solitude.

Nous devons offrir de veiller à l'éducation, aussi tard que cela puisse paraître, de nos enfants si nous les en avons privés et faire de notre mieux pour leur offrir la sécurité que nous leur avons refusée dans le passé.

Nous devons nous excuser auprès des personnes auxquelles nous avons imposé notre code moral à leur détriment et arrêter d'essayer de contrôler la vie des autres.

Notre intolérance doit arrêter tout de suite. Nous devons offrir une compensation aux personnes auxquelles nous avons refusé des droits égaux en raison de leur race, principes, religion ou sexe.

Nous devons faire quelque chose de gentil pour les personnes auxquelles nous avons joué un mauvais tour.

Si nous avons vendu à quelqu'un quelque chose que nous savions qu'il n'avait pas les moyens d'acheter, nous devons lui offrir de le racheter.

Quand nous avons rendu malheureux ceux que nous aimions par notre possessivité et notre jalousie, nous devons leur faire cadeau de l'intimité et de la liberté.

Nous devons faire tout ce qui est en notre pouvoir pour apporter aux personnes que nous avons abusées physiquement ou mentalement la paix d'esprit et le bien-être physique.

Nous devons exprimer nos regrets aux personnes dont nous avons trahi la confiance et accepter de compenser par une action positive.

Nous devons accorder notre amour et notre aide aux personnes sous notre autorité de qui nous avons abusées pour notre propre avantage ou avancement.

Il y a de nombreuses manières d'essayer de réparer le mal que nous avons fait aux autres. Nous devons entreprendre de compenser en toute honnêteté et directement le tort que nous avons fait à chaque personne dont nous avons abusée. Nous pouvons accomplir une grande partie de cette Étape en apprenant à aimer ceux que nous avons haïs et à prier pour ceux que nous avons maudits.

En réparant le tort que nous avons fait aux autres, nous transformerons fort probablement nos propres vies. Si nous faisons ce travail avec suffisamment de soin, nous pouvons retourner à un état de pureté étonnant où la haine, la culpabilité et le ressentiment auront disparu. Cela sera probablement la première fois que nous serons libérés de nos émotions négatives depuis que la société a commencé à transformer ce que nous étions en sortant du ventre de notre mère. Nous ressentirons une grande satisfaction en sachant que nous avons fait en toute honnêteté tout ce que nous pouvions pour rembourser chaque dette émotionnelle, spirituelle et matérielle que nous devions à nos semblables.

L'importance de la Neuvième Étape est évidente. Elle nous donne enfin la possibilité de mettre fin à nos inquiétudes passées et de vivre dans le présent. Elle enlève un poids de nos épaules et nous permet de prendre notre envol. Nous avons profité de cette occasion pour peser le mal avec le bien; nous tirerons beaucoup plus de satisfaction de la compensation que nous offrons à une personne que nous avons lésée que cette dernière.

Quelles que soient les difficultés que nous avons dû surmonter pour aller voir les personnes que nous avons lésées et pour remplacer la souffrance que nous avons causée par le bonheur, la joie que nous essayons de donner n'aura rien de comparable avec le plaisir que nous apporte cette Étape. Le sentiment de bien-être qui résultera de la Neuvième Étape nous fera commencer à croire que notre volonté et notre vie sont bien entre les mains de Dieu. Mais la croyance ne suffit pas. Rappelez-vous que la croyance est une théorie et que la connaissance est un fait.

Afin d'accroître notre connaissance de Dieu, nous devons passer maintenant à la Dixième Étape.

Dixième Étape

*Nous avons poursuivi
notre inventaire personnel
et promptement admis nos torts
dès que nous nous en sommes aperçus.*

*R*appelez-vous qu'un inventaire n'est pas une histoire. Ce n'était pas une histoire dans la Quatrième Étape et ce n'est pas une histoire dans la Dixième Étape. Un inventaire, c'est ce qui est stocké à ce moment précis, non pas ce qui était stocké. La marchandise vendue pendant une vente avant inventaire ne fait plus partie de l'inventaire une fois la vente terminée. Un inventaire personnel, c'est ce qui est dans nos vies maintenant.

Un inventaire change d'un jour à l'autre. Par conséquent, pour nous connaître, nous devrons continuer à dresser un inventaire personnel aussi longtemps que nous vivrons, un jour à la fois.

La cupidité s'est-elle de nouveau faufilée dans notre inventaire? Dans ce cas, nous devons non seulement reconnaître que nous avons tort, mais aussi comment avons-nous tort?

Sommes-nous devenus malhonnêtes? Nous devons non seulement le reconnaître, mais aussi confesser à nous-mêmes pourquoi nous sommes malhonnêtes.

Sommes-nous devenus égotistes? Si la vanité fait de nouveau partie de notre inventaire, nous devons le reconnaître ainsi que nos torts.

Sommes-nous de nouveau en train de nous apitoyer sur nous-mêmes? Dans ce cas, qu'avons-nous fait pour que réapparaisse dans notre inventaire ce défaut dévastateur?

Qu'en est-il du ressentiment? Si le ressentiment fait partie de notre inventaire, nous devons reconnaître pourquoi nous avons du ressentiment.

Sommes-nous jaloux? Si la jalousie figure de nouveau dans notre inventaire, nous vivons d'une façon ou d'une autre en opposition avec les principes de ces Étapes. C'est notre tort. Nous devons le découvrir et le reconnaître.

Sommes-nous envieux? L'envie est une déficience que nous devons reconnaître, mais nous devons aussi identifier et admettre quelle violation des normes des Douze Étapes nous commettons.

Nous inquiétons-nous de nouveau, comme nous le faisions avant d'entreprendre les neuf premières Étapes? Si tel est le cas, nous devons avoir mal travaillé une Étape. C'est le moment de le reconnaître.

La colère figure-t-elle à notre inventaire? Cela ne devrait pas être le cas, sauf si nous avons fait quelque chose de contraire aux principes des Douze Étapes. Nous devons chercher au-delà de la situation qui engendre de la colère chez nous. Nous devons chercher en nous afin de trouver et admettre ce que nous faisons de mal et qui fait que nous sommes en colère.

Nous sommes déprimés? Ne cherchons pas quelle influence extérieure nous déprime. Reconnaissons plutôt ce que nous faisons de mal et qui permet que nous nous sentions comme ça.

Le fruit de la haine répand-il sa pourriture dans tout notre inventaire? Alors que nous pensions avoir confié notre volonté et notre vie aux soins de Dieu, pourquoi ressentons-nous de la haine? La réponse est évidente et nous devons l'accepter.

Qu'en est-il de la peur? Nous avons à nouveau peur? Dans ce cas nous n'avons pas procédé courageusement à un inventaire. Nous devons découvrir ce que nous avons fait de mal pour permettre à la peur de se manifester et le reconnaître promptement.

La réponse à tous ces problèmes sera la même. Le tort que nous devons admettre est que nous avons violé le contrat que nous avons passé avec Dieu dans la Troisième Étape. Quand nous confions notre volonté et notre vie aux soins de Dieu, nous devons tout naturellement accepter ce qu'Il nous donne, peu importe ce que c'est.

Si nous sommes devenus égotistes, c'est parce que nous contrôlons de nouveau notre propre vie ou essayons de nous attribuer le mérite de contrôler nous-mêmes notre vie. Nous devons le reconnaître et confier de nouveau notre volonté aux soins de Dieu.

Si nous sommes devenus cupides, cela signifie que nous ne sommes pas satisfaits de ce que Dieu nous a donné et essayons, en reprenant le contrôle de notre vie, d'avoir plus qu'Il ne nous donne. Si nous pouvons le reconnaître, nous sommes à même de suivre de nouveau la voie qu'Il nous ouvre.

La malhonnêteté signifie que nous conspirons avec notre ego pour changer Ses plans et que nous nous servons des techniques inventées par les humains pour mentir et tromper le monde en essayant de contrôler notre vie plutôt que de laisser Dieu la contrôler.

L'apitoiement sur soi-même est sans aucun doute une rupture du contrat que nous avons passé avec notre Puissance supérieure. De toute évidence, nous ne respectons pas notre accord selon lequel nous devons accepter tout ce qu'Elle nous donne chaque jour. La vie est une suite de joies reliées entre elles par des moments de souffrance. Dieu nous apporte à la fois les joies et la souffrance. L'apitoiement résulte donc du fait que nous n'acceptons pas les deux.

Le ressentiment signifie, lui aussi, que nous n'acceptons pas avec grâce tout ce que Dieu nous donne.

L'envie signifie que nous convoitons ce que Dieu donne aux autres au lieu d'être reconnaissants de ce qu'Il nous donne.

La jalousie est aussi l'expression de notre insatisfaction en ce qui concerne la manière dont Dieu nous contrôle.

L'inquiétude provient de notre volonté de planifier l'avenir plutôt que de laisser Dieu le faire.

Si nous sommes en colère, ce n'est pas à cause du comportement des autres. C'est un affront à la manière dont Dieu nous les présente.

Et si nous sommes déprimés? Il nous suffit d'accepter notre dépression comme faisant partie du plan de Dieu et de nous demander vers quel moment de grand bonheur cette dépression va nous mener.

La haine signifie probablement que nous n'aimons pas quelqu'un ou quelque chose que Dieu a placé sur notre chemin. Cela signifie que nous résistons une fois de plus à la Volonté de Dieu.

Si la peur figure à notre inventaire, c'est parce que nous nous considérons responsables de ce qu'il contient plutôt que de laisser notre Puissance supérieure l'être.

En d'autres termes, le tort que nous devons promptement admettre n'est pas que nous soyons en colère, que nous nous apitoyions sur nous-mêmes, que nous soyons jaloux, cupides ou inquiets. Nous devons admettre que nous avons repris possession de notre volonté et de notre vie. Pour être bien, nous devons, à maintes reprises si nécessaire, confier entièrement notre volonté et notre vie aux soins de Dieu. Si nous ne le faisons pas, ou seulement en partie, nous devons reconnaître rapidement que c'est notre tort.

Tous nos défauts de caractère indiquent la même chose: une rupture du contrat par lequel nous nous sommes engagés à accepter entièrement la manière dont Dieu contrôle notre vie. Quand nous pouvons admettre que c'est notre principal tort, nous pouvons laisser notre Puissance supérieure reprendre le contrôle de notre vie.

Devons-nous rester dans un état végétatif en attendant que Dieu se manifeste à nous? Pas du tout. Nous devenons les animaux qu'Il a créés et attendons qu'Il nous fasse agir et réagir comme Il le veut. De toute évidence, Dieu n'a pas l'intention de transformer les animaux en légumes. Et l'homme, Son animal le plus merveilleux et le plus versatile de tous, ne peut s'accomplir pleinement et réaliser ce pourquoi il est sur terre que s'il a confié sa volonté et sa vie aux soins de Dieu.

Nous devons sans cesse procéder à notre inventaire quotidien et admettre promptement nos torts afin de continuer à appliquer les principes que nous avons adoptés en travaillant les neuf premières Étapes. La Dixième Étape est un test qui permet de vérifier si nous respectons toujours les principes de la Troisième Étape. Continuons-nous à confier notre volonté et notre vie aux soins de Dieu tel que nous Le concevons?

Quand nous passons à l'Étape suivante, nous n'abandonnons pas celle-ci. Nous l'emportons avec nous, en même temps que toutes les Étapes précédentes, et passons à l'une des Étapes la plus édifiante et la plus gratifiante de toutes.

Onzième Étape

*Nous avons cherché par la prière
et la méditation à améliorer
notre contact conscient avec Dieu
tel que nous Le concevions,
Lui demandant seulement
de nous faire connaître Sa volonté
à notre égard et de nous donner
la force de l'exécuter.*

*D*ans cette Étape, nous découvrons notre réveil spirituel. Peut-être pensons-nous déjà connaître le réveil spirituel, car en progressant jusqu'à cette Étape nous avons eu de nombreuses expériences spirituelles. Par exemple, beaucoup d'entre vous ont peut-être eu des maux de tête quand ils ont commencé à lire ce livre, mais au bout de quelques pages ces maux avaient disparu. Et vous n'avez pas pris d'aspirine pour les chasser. Lire ce livre spirituel peut réellement supprimer vos maux de tête. Les faire disparaître de cette manière constitue une expérience spirituelle.

Confier un problème aux soins de Dieu peut mettre soudainement un terme à l'inquiétude engendrée par ce problème. Une paix d'esprit si soudaine est de toute évidence une expérience spirituelle. Mais une expérience spirituelle n'est pas un réveil spirituel. En réalité, de nombreuses expériences spirituelles sont nécessaires avant qu'un réveil spirituel ne soit possible. Seule l'expérience nous prouvera l'existence d'une Puissance supérieure à nous-mêmes.

Nous connaissons le réveil spirituel lorsqu'une croyance basée sur une foi logique ou aveugle est remplacée par une connaissance basée sur une preuve irréfutable. Le réveil spirituel, c'est quand nous savons, et non pas quand nous croyons, qu'une Puissance supérieure à nous-mêmes existe, laquelle a pris en charge notre volonté et notre vie et que nous pouvons compter sur Elle pour qu'Elle se charge de tout pour toujours.

La Onzième Étape confirme le contrat que nous avons passé avec notre Puissance supérieure dans la Troisième Étape, quand nous avons pris pour la première fois la décision de confier notre volonté et notre vie aux soins de Dieu.

Si vous n'avez pas encore établi un contact conscient avec votre Puissance supérieure, vous ne pouvez pas entreprendre la Onzième Étape. Cette Étape ne consiste pas à *établir* un contact conscient avec Dieu. Elle consiste à *améliorer* notre contact conscient avec Lui.

Nous avons déjà eu un contact conscient avec Dieu à au moins trois reprises au cours des Étapes précédentes, avant d'être prêts à la Onzième Étape à améliorer ce contact avec Dieu. Dans la Troisième Étape, nous avons décidé de confier notre volonté et notre vie aux soins de Dieu. Si nous avons vraiment décidé de le faire, cela a été fait. Et vous ne pouvez rien confier, encore moins votre volonté et votre vie, à une entité sans la contacter. Le fait même de confier votre volonté et votre vie aux soins de Dieu est un contact conscient avec Dieu.

Dans la Cinquième Étape, nous avons avoué quelque chose à Dieu, à nous-mêmes et à un autre être humain. Nous Lui avons avoué directement nos torts, avant même de les avoir confessés à nous-mêmes et à quelqu'un d'autre. Un tel aveu à d'autres entités est un contact direct conscient. Vous ne pouvez rien dire à quelqu'un sans contacter cette personne. Vous ne pouvez rien avouer à Dieu si vous ne Le contactez pas consciemment.

Dans la Septième Étape, nous Lui avons humblement demandé de faire quelque chose. Nous Lui avons réellement et consciemment demandé de faire disparaître nos déficiences et avons ensuite mis de côté notre ego afin qu'Il puisse supprimer nos défauts de caractère sans que nous intervenions. Vous ne pouvez pas demander à quelqu'un de faire quelque chose, même pas à Dieu, sans entrer consciemment en contact avec cette personne.

Donc, après avoir établi un contact conscient avec Dieu à au moins trois reprises (dans les Troisième, Cinquième et Septième Étapes), nous essayons maintenant dans la Onzième d'*améliorer* ce contact.

Comment? Par la prière et la méditation. Dans de nombreuses nations du monde, ceux et celles qui entreprennent cette Étape ont été formés dès le berceau à méditer, mais peuvent savoir peu de chose sur la manière de prier. D'autres, formés par les religions occidentales, sauront comment prier mais ne sauront pas méditer.

Prier, c'est adresser une requête à Dieu pour qu'Il vous donne ce que vous aimeriez avoir. C'est préciser exactement ce que vous voudriez qu'Il vous donne, ou tout au moins qu'Il fasse en sorte de vous aider à obtenir ces choses pour vous-même. Nous avons tous appris à prier pour des gens, des lieux et des choses.

Nous prions pour que Dieu nous aide à atteindre des objectifs physiques, mentaux ou spirituels en prenant toujours soin d'expliquer bien clairement ce que nous voulons exactement que Dieu nous donne. Nous prions pour qu'Il suive nos ordres. Nous faisons de notre mieux pour faire de Dieu notre serviteur.

La méditation est exactement le contraire. Il existe de nombreuses techniques de méditation, par exemple compter à rebours en chiffres divers, psalmodier des mantras et des rosaires en ne pensant à rien, etc. Toutes les techniques de méditation ont le même but: chasser de notre esprit toutes nos pensées et préoccupations quotidiennes. La méditation vise à vider notre esprit de toutes nos préoccupations et à laisser la place à un esprit vide dans lequel la Force créatrice, ou Dieu, pourra entrer.

Prier, c'est demander à Dieu ce que nous voulons. Méditer, c'est écouter ce que Dieu veut. Les mauvaises prières peuvent être une forme de magie noire, car quand nous essayons d'utiliser une force surnaturelle pour nous aider à atteindre nos buts, cela cesse d'être surnaturel et devient «surhumain». Transformer Dieu en serviteur, c'est le placer sous notre pouvoir «surhumain». Cependant, n'est-ce pas ce que l'on nous a dit de faire pendant longtemps? Nous mettre à genoux et prier Dieu afin qu'il travaille pour nous?

On nous a souvent mis en garde en nous disant d'*être prudents dans ce que nous demandons dans nos prières car nous pourrions obtenir ce que nous désirons*. La Onzième Étape nous libère de cette obligation de décider ce pourquoi nous allons minutieusement prier, ou de dresser une liste de commissions à l'attention de Dieu. Nous ne devrons plus jamais nous inquiéter de ce que nous devons demander à Dieu. La Onzième Étape nous dit avec précision les *seules choses pour lesquelles nous pouvons prier. Dans cette Étape de réveil spirituel, nous prions seulement pour Lui demander de nous faire connaître Sa volonté à notre égard et de nous donner la force de l'exécuter.*

Le mot *seulement* y figure et signifie que dorénavant nous prions uniquement pour connaître Sa volonté et Lui demander de nous donner le courage de continuer et de faire ce qu'Il veut que nous fassions.

Ce qui est miraculeux dans cette prière, dans laquelle nous demandons à Dieu de nous faire connaître quelle est Sa volonté et de nous donner la force de l'exécuter, c'est qu'elle cesse de ressembler aux prières auxquelles nous sommes habitués et devient une forme de méditation, que nous sachions méditer ou non. Prier *seulement pour Sa volonté et la force de l'exécuter* chasse toutes nos inquiétudes personnelles de notre conscience et fait que nous nous concentrons *seulement sur Ses inquiétudes.* Ce type de prière est de la méditation. Elle vide notre esprit de nos propres besoins et permet à Dieu d'y pénétrer.

Comment connaissons-nous Sa volonté? Si nous le Lui permettons, Dieu crée tout, même notre volonté. Dieu crée nos besoins et ce que nous ne voulons pas. Il nous suffit d'entreprendre ce qu'Il nous fait vouloir faire et de ne pas faire ce qu'Il nous fait rejeter. Si nous avons minutieusement confié notre volonté à Ses soins et prié seulement pour connaître

Sa volonté et avoir la force de l'exécuter, nous devons croire qu'Il dirige notre volonté. La force de l'exécuter sera le courage de le faire et Il nous le donnera aussi.

Prenez le temps de réfléchir à ce qui suit. Si nous *continuons à dresser notre inventaire personnel* et si chaque fois que nous reprenons notre volonté à Dieu tel que nous Le concevons, nous le reconnaissons promptement, nous pouvons avancer et faire tout ce qu'Il nous fait vouloir faire. Cela signifie que si nous nous en tenons aux principes de ces Étapes, nous pourrons toujours faire ce que nous voulons et ne jamais faire ce que nous ne voulons pas faire.

C'est une liberté si totale que la société et ceux d'entre nous qui sont encore conditionnés par la société penseront qu'il y a quelque chose qui ne va pas. Car la société est, par définition, un système de règles, coutumes et règlements. Et les règles, les coutumes et les règlements sont l'opposé de la liberté, même s'ils sont imposés dans l'espoir impossible de préserver la liberté. Dans la vraie liberté, il n'y a pas de règles.

Dans les Douze Étapes, il n'y en a pas. Il vous est seulement suggéré de confier votre volonté et votre vie aux soins de Dieu et de *prier seulement pour connaître Sa volonté à votre égard et pour qu'Il vous donne la force de l'exécuter.* Ce n'est pas une règle. Vous n'avez pas à le faire si vous ne le voulez pas. Mais si vous avez terminé les dix premières Étapes, vous le voudrez parce qu'Il fera en sorte que vous le vouliez.

Veuillez noter que l'Étape ne suggère pas de prier seulement pour connaître Sa volonté *à votre égard*, ou de prier seulement pour connaître Sa volonté *à mon égard*. Elle suggère que nous prions pour connaître Sa volonté *à notre égard*. Quand Il répond à votre prière et à votre méditation en vous faisant connaître que Sa volonté est: je ne ferai rien pour vous blesser, tout naturellement vous ne ferez rien qui me blesserait ou blesserait qui que ce soit.

Nous devons croire en la volonté de Dieu à travers notre volonté, sinon tout le programme tombera à l'eau.

Mais quand nous relevons ce défi et suivons l'instinct qu'Il ne cesse de nous donner, nos récompenses seront si grandes que nous finirons par savoir, et pas seulement croire, qu'un Dieu existe, qu'Il a pris notre vie en main et que nous pouvons avoir confiance en Lui et nous reposer sur Lui pour qu'Il nous motive dans tout ce que nous ferons.

Savoir que Dieu est responsable de notre vie et nous contrôle admirablement est un réveil spirituel. Être heureux d'être exactement comme Dieu nous a créés et avoir suffisamment confiance pour miser tous les jours notre présent et notre avenir sur Lui est un réveil spirituel. Découvrir qu'en vous abandonnant à Lui vous serez indubitablement gagnant dans tout ce que vous entreprendrez est un réveil spirituel. Dieu a plusieurs manières de vous faire savoir qu'il a repris toute la responsabilité de votre vie. Vous n'avez pas à vous soucier comment vous le saurez. Quand vous connaîtrez le réveil spirituel, vous le saurez. Quand vous serez parvenu au réveil spirituel, vous pourrez passer à la Douzième Étape.

Douzième Étape

Ayant connu un réveil spirituel
comme résultat de ces Étapes,
nous avons alors essayé de transmettre
ce message aux autres et de mettre
en pratique ces principes dans tous
les domaines de notre vie.

Cette Étape nous indique comment rester éveillés spirituellement en disant aux autres comment nous y sommes parvenus. En mettant en pratique les principes des Douze Étapes, nous obtenons un succès incontestable. Et pour le conserver, nous devons le partager.

Afin d'entreprendre la Douzième Étape, nous devons absolument avoir terminé, en utilisant au mieux notre capacité et celle de Dieu, les onze Étapes précédentes. Nous devons déjà être parvenus au réveil spirituel de façon à pouvoir dire convenablement aux autres comment ils peuvent y parvenir. Notre vie tout entière doit être entre les mains de Dieu afin que nous puissions prolonger la main de Dieu à notre entourage. Nous devons être absolument certains que nous avons complètement confié notre volonté et notre vie aux soins de Dieu. Enfin, nous devons être entièrement satisfaits des résultats qu'Il nous présente un jour à la fois et les accepter. Nous devons savoir maintenant qu'il n'y a pas d'autre temps que le présent, que notre volonté réagisse maintenant à ce qu'Il nous présente maintenant et que c'est de cette manière qu'Il veut que nous réagissions. Il n'y aura jamais d'autre temps que le présent, car seul le présent existe et nous acceptons tout ce qui nous arrive maintenant comme faisant partie de l'amour que nous offre Dieu.

Nous devons être convaincus qu'un esprit supérieur à nous-mêmes est entièrement responsable de tout ce que nous faisons ou disons et que l'expérience nous a enseigné à avoir une confiance illimitée en cet Esprit Supérieur pour qu'Il gouverne notre vie consciente et inconsciente. Quand nous saurons enfin qu'il n'existe pas d'autre chef que Dieu, pas d'autre surveillant que notre Puissance supérieure et pas d'autre inspiration que le Grand Moteur de l'univers, alors et seulement alors nous pourrons passer à la Douzième Étape.

Nous ne pouvons pas transmettre le message aux autres avant d'être totalement convaincus qu'il n'existe pas d'autre chemin vers le succès *et* le bonheur que de confier entièrement notre esprit et notre corps aux soins de Dieu, voici la première partie du message. La deuxième partie du message est que la manière d'accomplir ce miracle, ne plus essayer de gagner, consiste à entreprendre méticuleusement, une par une, toutes les Douze Étapes. Afin de transmettre le message avec conviction, il doit être évident que nous avons déjà entrepris les Douze Étapes lorsque nous citons des exemples de notre vie où figure le réveil spirituel.

Comment transmettons-nous le message? Nous disons volontairement aux autres de quelle manière les Douze Étapes ont transformé notre vie, nous nous dérangeons pour partager notre expérience miraculeuse avec les personnes qui ont un besoin indéniable d'aide. Nous leur disons ce que nous étions, ce qui s'est passé quand nous avons entrepris les Douze Étapes et ce que nous sommes maintenant.

Nous ne prêchons pas et n'essayons pas de convertir les autres. Nous ne faisons que transmettre le message des Douze Étapes. Ce que les personnes auxquelles nous le transmettons en feront, qu'elles suivent ou non les Douze Étapes proposées, ne regarde qu'elles. Si elles ne choisissent pas de suivre notre chemin, ce n'est pas pour autant que nous avons échoué. Nous avons réussi à transmettre le message, que les personnes auxquelles nous le transmettons choisissent d'écouter ou pas.

Nous pouvons transmettre le message en parlant au cours de réunions de groupe ou en le glissant dans la conversation. Nous pouvons raconter notre histoire dans des livres, des articles, sur une scène de théâtre sous forme de comédie ou de tragédie, à la télévision, dans une lettre, sur des panneaux ou en traçant des graffiti sur les murs. Nous pouvons le transmettre dans des lieux comme le Hollywood Bowl, le Superdome, ou assis sur le troisième siège au fond d'un autobus presque vide. Peu importe où et quand nous transmettons le message, ni comment nous le transmettons. Cependant, la manière la plus efficace de faire savoir aux autres ce que les Douze Étapes ont à offrir consiste à fournir des exemples éblouissants de notre vie et de la transformation miraculeuse qu'elle a connue.

Nous ne le faisons pas en nous efforçant de répondre aux stéréotypes de sainteté, de citoyen irréprochable ou de réussite matérielle, mais plutôt en nous contentant d'être nous-mêmes tels que Dieu nous a créés. La définition du succès, c'est faire ce que nous voulons faire. La définition de l'échec est de ne pas faire ce que nous voulons faire. En laissant Dieu créer nos besoins, notre entourage remarquera que nous avons l'air de toujours faire ce que nous voulons faire et que de toute évidence nous réussissons notre vie. Comment pourrions-nous ne pas être heureux quand nous faisons tout le temps ce que nous voulons?

Nous parlons donc aux autres des Douze Étapes et leur montrons par la vie heureuse et remplie de succès que nous menons qu'elles fonctionnent.

Nous continuons à mettre en pratique ces principes dans tout ce que nous faisons:

— Nous continuons à admettre que nous avons perdu la maîtrise de notre vie. Vous n'avez pas perdu la maîtrise de votre vie, ni moi de la mienne, mais nous avons perdu la maîtrise de *toute notre* vie.

— Nous continuons à croire qu'une Puissance supérieure à nous-mêmes peut nous rendre la raison.

— Nous continuons à confier notre volonté et notre vie aux soins de Dieu, que nous croyions en Lui ou non.

— Nous continuons à procéder à un inventaire de nous-mêmes et nous avouons promptement à Dieu, à nous-mêmes et à un autre être humain que nous avons, à tort, arraché le contrôle de notre vie à Dieu.

— Nous ne cessons jamais de demander humblement à Dieu de faire disparaître nos déficiences.

— Nous faisons toujours directement amende honorable aux personnes que nous avons lésées, sauf lorsqu'en ce faisant nous pourrions leur nuire ou faire du tort à d'autres.

— Nous cherchons tous les jours, par la prière et la méditation, à améliorer notre contact conscient avec Dieu et nous Lui demandons *seulement* de nous faire connaître Sa volonté à *notre* égard et de nous donner la force de l'exécuter.

Nous continuons à parler de tout ceci aux autres de manière à pouvoir partager avec eux un peu de la joie et du bien-être que nous avons trouvés. Cela se fera naturellement, car à présent nous avons appris le merveilleux secret de Dieu. Notre plus grand plaisir consiste à donner de la joie aux autres. Par conséquent, en transmettant aux autres le merveilleux message des Douze Étapes et en mettant en pratique les principes de ces Étapes dans tout ce que nous faisons, nous recevrons ce plaisir que nous donnons. Nous le recevrons de Dieu.

Voilà le message que nous transmettons. Voilà comment cela fonctionne. Le reste dépend de vous et de Dieu.

Commencer
les Étapes

*L*e moment est venu de retourner à la Première Étape et de voir si vous pouvez l'entreprendre. Vous pouvez le faire seul, ou il peut être plus facile de vous regrouper afin de partager vos expériences avec d'autres personnes qui se consacrent à appliquer les principes des Douze Étapes. Les Alcooliques Anonymes sont peut-être le meilleur modèle pour de telles discussions de groupe. Ils ont été les premiers à découvrir les Douze Étapes utilisées aujourd'hui avec succès par de très nombreuses personnes aux prises avec d'autres problèmes que l'alcool.

Si vous rencontrez d'autres personnes qui veulent former un groupe pour travailler les Douze Étapes, essayez de ne pas élire de responsables, excepté des personnes qui présideront à tour de rôle les discussions et peut-être un secrétaire qui organisera la réunion dans un lieu choisi par les membres du groupe, fournira des rafraîchissements et s'occupera des contributions financières des membres du groupe destinées à couvrir les dépenses accidentelles.

Il est plus difficile pour une personne seule d'être en contact constant avec une Puissance supérieure que pour un groupe. Un groupe fonctionne un peu comme une chaîne. Un membre du groupe est immanquablement en contact avec Dieu et les autres membres peuvent s'y accrocher. Dans un groupe, vous pouvez apprendre en partageant entre vous vos erreurs et vos succès.

Vous pouvez aussi le faire tout seul. J'ai rencontré à Tahiti un homme qui essayait tout seul de mettre en pratique les Douze Étapes, isolé au milieu de cinquante milles carrés d'océan et d'îles des mers du sud. Nous nous sommes rencontrés de nouveau dix ans plus tard et avons comparé comment fonctionnaient les Douze Étapes pour lui sans groupe dans le Pacifique Sud et pour moi dans la baie de San Francisco, où des milliers de groupes se réunissaient chaque semaine. Nous étions tous les deux plus heureux, en meilleure santé et plus prospères que nous ne l'avions jamais imaginé, même dans nos rêves les plus fous.

Les Douze Étapes fonctionnent donc, peu importe comment vous les travaillez, le principal est que vous les travailliez.

Si vous avez besoin de conseils sur les Douze Étapes, demandez à n'importe lequel des millions de membres des divers groupes d'entraide: Fumeurs Anonymes, Outremangeurs Anonymes, Schizophrènes Anonymes, Narcotiques Anonymes, Émotifs Anonymes, Dépendants affectifs et sexuels Anonymes, Parents Anonymes, "Mistress Anonymous" (Maîtresses Anonymes), Acheteurs compulsifs Anonymes, Alcooliques Anonymes (l'ancêtre de tous les groupes d'entraide) ou encore de tout autre groupe anonyme regroupant des perdants devenus aujourd'hui des gagnants.

Nous pratiquons tous les mêmes Douze Étapes. Si elles fonctionnent pour des personnes ayant ces types de problèmes, elles fonctionneront pour vous.

Il n'est pas nécessaire que vous soyez un perdant pour devenir un gagnant. Il suffit que vous entrepreniez les Douze Étapes qui vous conduiront au bonheur et au succès.

Guide pour chacune des Étapes

1. *Nous avons admis que nous étions impuissants et que nous avions perdu la maîtrise de notre vie.*

   a. Admettez que vous êtes impuissant devant votre problème le plus difficile.
   - Reconnaissez qu'il est inutile d'essayer de le contrôler.

   b. Admettez que vous ne pouvez rien contrôler d'autre.
   - Reconnaissez que cela ne sert à rien d'essayer.

2. *Nous en sommes venus à croire qu'une Puissance supérieure à nous-mêmes pouvait nous rendre la raison.*

   a. Reconnaissez qu'il est déraisonnable de continuer à essayer de contrôler ce qui ne peut pas l'être.

   b. Laissez-vous aller à croire qu'il *pourrait exister* dans l'univers une Puissance supérieure à vous-même.
   - Soyez disposé à miser sur le fait qu'une Puissance supérieure *pourrait* vous rendre suffisamment la raison pour que vous arrêtiez d'essayer de contrôler.

3. *Nous avons décidé de confier notre volonté et notre vie aux soins de Dieu tel que nous Le concevions.*

   a. Misez tout ce que vous êtes sur le fait qu'une Puissance supérieure se chargera de tous les aspects de votre vie.

   • Courez le risque. Confiez votre corps, raison, esprit et tout ce qui vous concerne au Grand Inconnu qui n'est peut-être pas là.

   b. Adressez-vous directement à Dieu. Dites: «Dieu, prenez soin de tout!»

4. *Nous avons courageusement procédé à un inventaire moral, minutieux de nous-mêmes.*

   a. Rappelez-vous qu'un inventaire n'est pas une histoire. C'est ce qui est stocké aujourd'hui.

   b. Examinez votre comportement actuel.

   • Quelles sont vos qualités?

   • Quels sont vos défauts?

   • Ne tenez pas compte du passé, sauf en ce qui concerne la culpabilité, le ressentiment, la haine ou la rancune.

   c. Écrivez tout: le bon et le mauvais.

   d. Si la peur figure à votre inventaire, ce n'est pas *courageux.*

   • Confiez de nouveau votre volonté et votre vie aux soins de Dieu.

   • Quand Dieu est responsable, vous n'avez plus à avoir peur de rien.

   e. Procédez de nouveau courageusement à votre inventaire.

5. *Nous avons avoué à Dieu, à nous-mêmes et à un autre être humain la nature exacte de nos torts.*

a. Analysez la cause de chaque défaut de caractère que vous avez trouvé au cours de la Quatrième Étape.

• Pourquoi faites-vous de telles choses?

• Avez-vous davantage confiance en vous pour régler vos problèmes qu'en Dieu?

• La *nature de vos torts* est-elle que vous enlevez à Dieu le contrôle de votre volonté et de votre vie?

b. Avouez à vous-même, à votre Puissance supérieure et à un autre être humain que vous continuez à essayer de contrôler une vie incontrôlable parce que vous n'avez pas confiance en Dieu pour qu'Il le fasse à votre place.

6. *Nous avons pleinement consenti à ce que Dieu élimine tous ces défauts de caractère.*

a. Vous avez déjà fait la Sixième Étape si vous êtes disposé à *laisser Dieu* faire disparaître vos déficiences.

• Si vous insistez pour travailler à éliminer vos défauts de caractère au lieu de laisser votre Puissance supérieure le faire, recommencez les Quatrième et Cinquième Étapes jusqu'à ce que vous ayez suffisamment d'humilité pour *laisser Dieu les faire disparaître à Sa manière et au moment qu'Il choisira.*

7. *Nous Lui avons humblement demandé de faire disparaître nos déficiences.*

   a. Parlez à Dieu. Demandez-Lui de faire disparaître tous vos défauts de caractère, même ceux qui ne sont pas inscrits à votre inventaire.

    • Ayez suffisamment d'humilité pour *Le laisser* faire.

8. *Nous avons dressé une liste de toutes les personnes que nous avions lésées et nous avons consenti à leur faire amende honorable.*

   a. Faites la liste de toutes les personnes que vous avez lésées et du tort que vous leur avez fait.

    • Incluez le nom des personnes qui selon vous *l'avaient cherché.*

   b. Rappelez-vous que faire amende honorable est plus que s'excuser. C'est une compensation pour les torts réels que vous avez causés.

   c. Soyez disposé à offrir une compensation à chaque personne dont le nom figure sur la liste.

    • N'éliminez encore personne de votre liste pour aucune raison. Vous le ferez plus tard.

9. *Nous avons réparé nos torts directement envers ces personnes partout où c'était possible, sauf lorsqu'en ce faisant, nous pouvions leur nuire ou faire tort à d'autres.*

   a. Cherchez les personnes que vous avez lésées.

      • Éliminez de la liste les personnes auxquelles vous pourriez nuire encore davantage en réparant vos torts.

      • Éliminez de la liste les personnes pour lesquelles en faisant amende honorable vous feriez du tort à un complice.

      • Ne faites rien qui blesserait quelqu'un d'autre.

      • Ne vous inquiétez pas au sujet des personnes que vous ne pouvez pas retrouver. Vous les trouverez peut-être sur votre chemin plus tard.

      • S'il est impossible de faire amende honorable maintenant, faites-le plus tard si cela devient possible.

      • Oubliez les réparations que vous ne pourrez jamais faire.

      • Enlevez votre nom de la liste. Vous faites amende honorable envers vous en entreprenant ces Étapes.

   b. Réparez le tort que vous avez fait aux personnes qui figurent encore sur la liste.

      • Il ne suffit pas de faire des excuses. Offrez les compensations physiques, mentales, émotives ou financières qui conviennent pour chaque tort que vous avez causé.

10. *Nous avons poursuivi notre inventaire personnel et promptement admis nos torts dès que nous nous en sommes aperçus.*

   a. Examinez chaque jour vos sentiments et votre comportement.

   • Il s'agit d'un contrôle. Vous n'aurez peut-être pas le temps de l'écrire, ou cela ne sera peut-être pas utile.

   • Que faites-vous ou pensez-vous qui vous fait vous sentir mal à l'aise?

   b. Quelle est la nature de vos torts?

   • Est-ce que vous n'avez pas confiance en Dieu pour qu'Il se charge de quelque chose?

   • Essayez-*vous* de contrôler la situation?

   c. Admettez que vous avez enlevé le contrôle à votre Puissance supérieure.

   d. Faites la Troisième Étape. Confiez de nouveau votre volonté et votre vie aux soins de Dieu.

11. *Nous avons cherché par la prière et la méditation à améliorer notre contact conscient avec Dieu tel que nous Le concevions, Lui demandant seulement de nous faire connaître Sa volonté à notre égard et de nous donner la force de l'exécuter.*

   a. Établissez de nouveau le contact conscient que vous avez établi dans les Troisième, Cinquième et Septième Étapes.

   • Adressez-vous directement à Dieu.

b. Méditez afin de chasser toute inquiétude personnelle de votre esprit.

- Libérez entièrement votre esprit. Chassez votre ego du chemin afin que la Force créatrice puisse remplir votre esprit avec de nouvelles pensées et une nouvelle intuition.
- Ne fixez pas d'objectifs à votre méditation.
- Laissez ce qui suivra aux soins de Dieu.

c. Désormais, priez *seulement* pour connaître la volonté de Dieu et Lui demander de vous donner la force de l'exécuter.

- Ne priez jamais pour quoi que ce soit d'autre.
- Adressez-vous à Dieu. Dites: «Dieu, faites en sorte que je n'aie envie de faire *que ce que vous voulez que je fasse*. Faites en sorte que je n'aie pas envie de faire ce que vous ne voulez pas que je fasse.»

d. Maintenant, faites ce que vous avez envie de faire. Vous avez prié *pour avoir la force de l'exécuter*.

- Ayez confiance en l'intuition que vous avez demandée à votre Puissance supérieure de créer.

e. Vous connaissez le réveil spirituel quand vous avez confiance en Dieu dans tous les domaines sans Lui dire quoi faire.

12. *Ayant connu un réveil spirituel comme résultat de ces Étapes, nous avons alors essayé de transmettre ce message aux autres et de mettre en pratique ces principes dans tous les domaines de notre vie.*

   a. **Comme résultat** des neuf premières Étapes, vous connaissez le réveil spirituel.

   - Vous ne faites plus la liste de choses que Dieu devra faire.

   - Vous vous êtes abandonné au contrôle imprévisible de Dieu.

   - Vous acceptez ce qui arrive, le bon et le mauvais, comme faisant partie de Son plan.

   b. Expliquez les Douze Étapes aux autres personnes qui recherchent le bonheur et le succès.

   c. Mettez en pratique les principes des Douze Étapes dans tout ce que vous faites.

Collection Hazelden « Méditation »

Chaque jour un nouveau départ
ANONYME, 400 PAGES

Partager la sagesse des femmes.

Vingt-quatre heures à la fois
ANONYME, 416 PAGES

Un classique Hazelden depuis plus de 40 ans,
plus de 8 millions d'exemplaires vendus,
disponible en 8 langues.

Savoir lâcher prise
PAR MELODY BEATTIE, 416 PAGES

Un livre unique de méditations quotidiennes.

Hors collection

Comprendre les dépendances
JAN R. WILSON ET JUDITH A. WILSON, 480 PAGES

Dictionnaire des termes et concepts
utilisés dans les programmes Douze Étapes.

 Éditions Sciences et Culture
5090, rue de Bellechasse, Montréal
(Québec) Canada H1T 2A2
(514) 253-0403   Fax : (514) 256-5078